사명자의 길 시리즈 1
KMTS  **CORE 15**

마리아 신앙 학교

Mary Faith School

예배, 말씀, 사랑, 기도로 예수님께 헌신한
성경 속 마리아들의 믿음 수업

성경리더십연구원

"말씀에 '아멘'으로 응답한 여인들, 그들의 헌신이 오늘 우리를 부른다."

'마리아'라는 이름은 성경 속에서 단순한 한 인물이 아니라, 시대와 세대를 넘어선 헌신의 상징으로 기록되어 있습니다. 예수님의 어머니 마리아는 자신의 몸을 하나님께 예배의 제물로 드림으로 순종의 신비를 통해 구속의 역사에 참여했습니다. 막달라 마리아는 치유와 회복의 은혜를 눈물로 기억하며, 십자가와 부활의 첫 증인으로 섰습니다. 베다니의 마리아는 분주한 일상 속에서도 세상의 소음보다 주님의 음성에 귀 기울이며, 말씀 앞에 앉는 제자의 자리를 선택했습니다. 그리고 마가의 어머니 마리아는 이름도 드러내지 않은 조용한 헌신으로, 집과 시간을 열어 교회의 기도처를 세웠습니다.

네 명의 마리아는 각기 다른 상황과 자리에서 살았지만, 공통적으로 "아멘"으로 응답한 믿음의 여인들이었습니다. 그들의 신앙은 단순한 여성 제자들의 이야기로 그치지 않고, 오늘의 교회와 성도에게 복음의 네 가지 본질적 헌신 - 예배, 말씀, 사랑, 선교 - 를 보여주는 살아 있는 본문이 되었습니다. 그들의 헌신은 감정의 신앙이 아니라 결단의 신앙이었고, 일시적 감동이 아니라 평생의 순종이었습니다.

〈마리아 신앙 학교〉는 이 네 명의 마리아의 삶을 따라가며, 우리 안의 예배자의 마음, 제자의 갈급함, 헌신자의 눈물, 중보자의 무릎을 다시 일깨우는 영성 훈련 교재입니다. 본문은 3대지와 3소주제의 구조로 되어 있어 이해하기 쉽고, 묵상과 기도, 소그룹 나눔, 주간 실천 과제와 결단을 통해 말씀을 실제 삶으로 연결하는 구체적 훈련을 돕습니다. 각 장마다 성경적 통찰과 현대적 적용이 어우러

져, 단순한 성경 해석을 넘어 삶의 현장에서 말씀을 실천하도록 이끄는 리더십 훈련으로 구성되어 있습니다.

부록에는 일상 속에서 신앙을 점검할 수 있는 결단 카드, 묵상 노트, 기도문 모음 등이 포함되어 있으며, 개인과 공동체가 함께 말씀을 붙들고 살아내도록 설계되었습니다. 이 교재는 단순한 성경공부 교재가 아니라, 사명자의 영성을 회복하고 절대긍정의 믿음을 세우는 제자훈련의 여정입니다. 개인 묵상과 가정 예배, 소그룹 훈련, 교회학교, 선교 현장 어디서든 사용할 수 있으며, 특히 절망과 혼돈의 시대 속에서 성도를 다시 세우는 '회복의 신앙훈련'으로 자리매김할 것입니다.

오늘의 교회가 잃어버린 헌신의 감격, 예배의 떨림, 제자의 눈물을 회복하기 위해 우리는 다시 "마리아의 길"로 돌아가야 합니다. 그 길은 눈물의 길이지만, 동시에 은혜의 길이며, 하나님이 오늘도 부르시는 '아멘의 자리'입니다. 이 교재를 통해 독자들은 성경 속 마리아들의 삶을 단순히 배우는 데 그치지 않고, 오늘 자신이 선 자리에서 동일한 헌신을 살아내는 길을 발견하게 될 것입니다. 마리아들의 삶은 우리에게 이렇게 묻습니다. "오늘 너는 어떤 모습으로 예수님께 헌신하겠는가?" 그 질문 앞에서 다시금 예배자이자 제자이며 사명자인 교회와 성도들이, 하나님께 "아멘"으로 응답하는 세대로 일어나기를 소망합니다. 그것이 바로 이 시대의 믿음의 회복이며, 하나님 나라의 부흥을 여는 첫 걸음이 될 것입니다.

성경리더십연구원

교재와 부록 활용 가이드

〈마리아 신앙 학교〉는 성경 속 네 명의 마리아를 통해 예배, 말씀, 사랑, 기도와 선교의 본질을 배우고, 오늘 우리의 신앙과 삶에 적용하도록 돕는 교재입니다. 이 책은 개인 묵상과 소그룹, 가정예배, 교회 제자훈련에 모두 적합하게 구성되어 있습니다.

01 사용방법

개인 묵상용

- 하루 또는 한 주에 한 강씩 읽고, 암송 구절을 기록하며 묵상 질문에 답을 적어 보십시오.
- 부록의 기도문과 결단 카드를 활용해 신앙의 루틴을 세우면 좋습니다.

소그룹·가정예배용

- 인도자는 도입 예화를 먼저 나누며 강의를 시작하십시오.
- 본문 강의와 묵상 질문을 중심으로 함께 나누고, 기도 제목을 기록하며 마무리하십시오.

사명자 훈련·교회 교육용

- 각 강의는 3대지와 3소주제로 구성되어 있어 강의안으로 전환하기 쉽습니다.
- 인도자는 본문 강의를 요약해 설명하고, 소그룹 나눔과 적용을 통해 훈련 효과를 높이십시오.
- 부록의 묵상 플랜과 적용 루틴을 훈련 교재로 활용하면 효과적입니다.

02 운영 포인트

- 인도자는 지식을 전달하는 교사가 아니라, 헌신의 삶으로 이끄는 영적 안내자가 되십시오.
- 나눔의 초점은 정보가 아니라 삶의 변화와 결단에 두십시오.
- 각 마리아의 이야기를 단순한 성경 지식이 아니라, 오늘 나의 삶에 적용되는 말씀으로 연결하십시오.
- 실천 과제는 부담 없이 시작하되, 지속적인 반복과 점검을 통해 신앙의 루틴으로 정착시키십시오.
- 가능하다면 예배, 말씀, 사랑, 기도와 선교의 다섯 가지 헌신을 균형 있게 적용하도록 인도하십시오.

03 후속 활용

- 각 장의 내용은 설교, 제자훈련, 소그룹 교재로 확장하여 사용할 수 있습니다.
- 부록의 기도문과 결단 카드는 개인 경건 생활뿐 아니라 공동체 기도와 헌신의 도구로 활용하십시오.
- 훈련을 마친 후에는 자신의 변화와 결단을 간증이나 신앙 고백으로 정리해 보십시오.
- 교회와 가정, 사역 현장에서 마리아 신앙의 삶(예배·말씀·사랑·기도·선교)을 실제로 실천하며 다음 단계의 제자훈련으로 연결하십시오.

이 교재의 목표

이 교재의 목적은 단순한 배움이 아니라 삶의 변화입니다. 마리아의 신앙을 통해 예배, 말씀, 사랑, 기도와 선교의 삶을 회복하고, 말씀에 "아멘"으로 응답하는 제자로 살아가도록 돕는 데 있습니다.

Table of

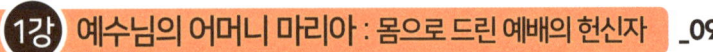
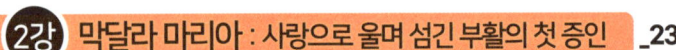
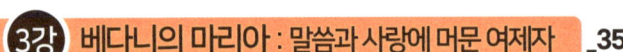
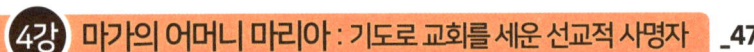

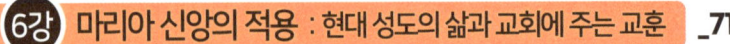

마리아 신앙 적용 부록(Appendices)

마리아 신앙 학교

Mary Faith School

01

예수님의 어머니 마리아

몸으로 드린
예배의 헌신자

예수님의 어머니 마리아
몸으로 드린 예배의 헌신자

18세기 영국의 한 작은 구두방에서 일하던 청년이 있었습니다. 그는 가난했고 특별한 학문적 배경도 없었으며, 사람들의 주목을 받을 만한 인물도 아니었습니다. 그러나 성경을 읽을 때마다 마음속에는 꺼지지 않는 불이 있었습니다. 복음을 알지 못한 이들에게 하나님의 사랑을 전해야 한다는 강한 부르심이었습니다. 그가 바로 현대 선교의 아버지라 불리는 윌리엄 케리William Carey 입니다.

그는 교회 지도자들에게 인도 선교의 비전을 말했지만, 사람들은 비웃었습니다. "젊은이, 하나님께서 이방인을 구원하시려면 당신이 아니라도 얼마든지 하실 수 있네!" 그러나 케리는 물러서지 않았습니다. 그는 단순히 믿고 순종했습니다. 그의 결단으로 케리는 배를 타고 인도로 향했습니다. 그곳에서 성경을 현지 언어로 번역하고, 학교와 인쇄소, 병원을 세우며 수많은 사람들의 삶을 변화시켰습니다.

하나님은 언제나 위대한 사람을 찾으시는 것이 아니라, 하나님의 말씀 앞에 "아멘"으로 응답하는 사람을 찾으십니다. 때로는 이해되지 않는 부르심일지라도, 믿음으로 드린 한 사람의 순종이 하나님의 역사 속에서 놀라운 열매로 이어지기 때문입니다. 아무도 주목하지 않았던 한 청년의 작은 순종이 결국 인도의 계절을 바꾸고, 세계 선교의 새로운 장을 여는 씨앗이 되었습니다.

도입 질문 ●
오늘 나에게도 이해되지 않는 부르심 앞에서 즉각 순종해야 할 하나님의 말씀이 있을까요?

01 예수님의 어머니 마리아

서론   하나님께서는 인류 구원의 시작을 한 가난한 시골의 처녀인 마리아를 통해 이루셨습니다. 세상은 그녀를 주목하지 않았지만, 하나님은 그녀의 믿음과 순종을 귀히 여기셨습니다. 오늘 우리는 마리아의 헌신과 감사의 믿음을 통해 하나님의 부르심에 어떻게 반응해야 할지를 함께 묵상하려고 합니다.

대지 1

은혜를 입은 마리아 (눅 1:28)

01   **나사렛의 처녀 – 마리아의 거주지 :** 마리아는 갈릴리 나사렛에 살고 있던 가난한 처녀였습니다. 나사렛은 갈릴리 북부 산지에 위치한 작고 조용한 마을로, 예루살렘이나 베들레헴과 달리 당시 사람들에게 알려지지 않은 작은 시골 지역이었습니다. 사람들의 주목을 받지 못하는 시골 여인이었지만, 하나님께서는 그녀의 겸손한 중심을 보시고 선택하셨습니다. 하나님은 세상의 기준이 아닌, 믿음과 마음을 보시는 분이심을 우리는 기억해야 합니다. 하나님은 언제나 화려한 무대가 아니라, 겸손한 마음 위에 당신의 역사를 시작하시는 분이십니다.

02   **하늘의 인사 – 은혜 받은 자여 평안할지어다 :** 가브리엘 천사는 마리아에게 '은혜를 받은 자여, 평안할지어다'라고 인사하였습니다. 당시 유대인들에게 천사를 만난다는 것은 심판과 죽음을 의미하기도 했지만, 하나님께서는 마리아에게 은혜와 평강의 메시지를 먼저 주셨습니다. 하나님의 은혜를 입은 자는 세상의 두려움보다 더 큰 하늘의 평안을 누리게 됩니다. 하나님의 부르심은 언제나 두려움보다 먼저 은혜로 다가오며, 그 은혜 안에서 우리는 평강으로 하나님의 뜻을 받아들일 수 있습니다.

03 **성령의 잉태 – 하나님의 아들을 잉태할 것이라는 고지 :** 가브리엘은 마리아에게 성령의 능력으로 하나님의 아들을 잉태하게 될 것이라고 전합니다. 이 말씀은 인류를 구원하기 위한 하나님의 거룩한 계획이 시작되었음을 알리는 선포였습니다. 마리아는 이 말씀 앞에 놀랐지만, 그 부르심을 믿음으로 받아들이게 됩니다. 마리아는 하나님의 아들을 임신하는 은혜를 받게 됩니다.

> **예 화 버려진 아이, 하나님께 쓰임받다**
>
> 어느 날 한 수도원이 운영하는 고아원의 문 앞에 신생아 한 명이 조용히 버려져 있었습니다. 겨울밤, 낡은 천으로 감싸인 채 쓰레기통 옆에 놓여 있었던 그 아이는 기적적으로 수도사에게 발견되어 목숨을 건졌습니다. 그러나 이 아이는 훗날 이탈리아에서 수백 명의 고아를 돌보는 목회자가 되었습니다. 그는 나중에 이렇게 고백했습니다." 사람은 나를 버렸지만, 하나님은 나를 보셨고, 살리셨고, 쓰셨습니다." 하나님은 오늘도 이처럼 세상이 외면한 자를 보시고, 그를 통해 예비하신 뜻을 이루십니다. 마리아처럼 말입니다.

대지 2 순종하는 마리아 눅 1:38

01 **순종의 결단 – 성령의 능력으로 임신하게 되는 마리아 :** 마리아는 결혼하지 않은 처녀였기에 임신은 불가능한 일이었습니다. 그러나 하나님께서는 사라나 엘리사벳처럼 인간의 한계를 넘는 기적을 이루시는 분이십니다. 성령의 능력으로 마리아는 하나님의 아들을 잉태하게 되며, 이는 전능하신 하나님의 능력으로 가능한 일이었습니다. 이 사건은 인간의 가능성이 아니라 하나님의 능력으로 시작되는 구원의 역사였으며, 마리아의 믿음과 순종이 그 역사에 사용된 통로가 되었습니다.

02 **말씀 신뢰 – 하나님의 말씀을 전적으로 신뢰한 마리아 :** 가브리엘은 "하나님의 말씀은 능하지 못하심이 없다"눅 1:37고 전하였습니다. 마리아는 그 말씀을 이성으로 이해하려 하지 않고, 전적인 신뢰로 받아들였습니다. 우리도 하나님의 말씀 앞에 자신을 내어드리며, 그분의 뜻이 반드시 이루어진다는 믿음을 가져야 하겠습니다. 마리아는 욕을 다 먹거나, 남편과 가족으로부터 버림을 받거나, 심지어 돌에 맞아 죽을 수도 있는 상황에도 불구하고 하나님의 계시의 말씀에 조금도 주저하지 않았습니다.

03 **즉각 순종 – 겸손히 즉각 순종한 마리아 :** 마리아는 "주의 여종이오니 말씀대로 내게 이루어지이다"라는 고백으로, 자신의 생각과 감정을 내려놓고 하나님의 뜻에 즉각 순종하였습니다눅 1:38. 그녀의 순종은 무조건적인 순종이었고, 믿음의 모범이 되었습니다. 우리는 보통 표적이라고 하면 치유나 기적이나 눈에 보이는 여러 가지 이적을 생각합니다. 그러나 표적 중에 최고의 표적은 "사람의 입을 통하여 성령께서 하시는 말씀을 듣는 것"입니다. 우리도 마리아처럼 고집도, 변명도 없이 하나님의 말씀 앞에 겸손히 순종하는 태도를 배워야 하겠습니다.

예┃화 **주의 여종이오니, 말씀 대로**

이집트에서 복음을 전하던 한 선교사가 어느 날 놀라운 간증을 들었습니다. 무슬림 배경의 한 여성이 예수님을 믿고 난 후, 극심한 핍박 속에서도 믿음을 지켰다는 이야기였습니다. 그녀는 개종 사실이 가족에게 발각된 후, 심문을 받았고 목숨의 위협도 받았습니다. 선교사가 물었습니다. "그 상황에서 어떻게 믿음을 포기하지 않았나요?" 그녀는 조용히, 그러나 단호하게 이렇게 대답했습니다. "주의 여종이오니 말씀대로 내게 이루어지이다." 그 말씀이 그녀의 영혼에 뿌리를 내렸고, 그 순종이 복음의 씨앗이 되었습니다. 눈에 보이는 기적은 없었지만, 그 고백 자체가 가장 위대한 기적이었습니다. 우리도 말씀 앞에 자신의 생각을 내려놓고, 마리아처럼 겸손히 반응하는 믿음을 소망해야 하겠습니다.

CF. 순종의 3가지 유형

❶ 고집형 순종

하나님의 말씀을 듣고도 자신의 감정과 계획을 앞세워, 한 번은 자기 뜻대로 행동해본 후에야 다시 돌아옵니다. 이는 아브라함이 하갈과 이스마엘을 통해 자신의 방법으로 약속을 이루려 했던 모습과도 비슷합니다. 예수님은 이처럼 더디 믿는 자들을 향해 "어리석고 선지자들의 말한 모든 것을 마음에 더디 믿는 자들" 눅 24:25이라 책망하셨습니다.

❷ 변명형 순종

자신의 이성과 상식에 걸려 처음에는 즉시 순종하지 못하고 변명을 하지만, 시간이 지나면서 말씀의 진리를 깨닫고 순종하게 되는 유형입니다. 벙어리가 된 사가랴는 아들의 출생 소식을 듣고도 믿지 못했지만, 결국 세례 요한의 이름을 순종으로 받아들였습니다 눅 1:18-20, 63.

❸ 절대 순종

말씀이 떨어지자마자 스펀지가 물을 빨아들이듯, 즉시 "아멘"으로 반응하는 순종입니다. 마리아는 "주의 여종이오니 말씀대로 내게 이루어지이다" 눅 1:38라 고백하며, 자신의 상황이나 위험을 고려하지 않고 즉각 순종하였습니다. 예수님은 이런 마음을 "좋은 땅에 떨어진 씨" 눅 8:15라고 하셨습니다.

대지 3 감사로 찬송하는 마리아 (눅 1:46-55)

01 **감사의 반응 – 엘리사벳의 축복을 듣고 감사로 반응한 마리아 :** 마리아가 엘리사벳을 방문했을 때, 성령 충만한 엘리사벳은 "여자 중에 네가 복이 있으며 네 태 중의 아이도 복이 있도다"눅 1:42라고 축복하였습니다. 이 축복의 말을 들은 마리아는 두려움에서 벗어나 하나님을 향한 찬송으로 응답하게 됩니다. 하나님의 음성을 들을 때 우리는 두려움 대신 감사와 찬양으로 반응할 수 있어야 합니다. 믿음의 사람은 상황보다 하나님의 약속을 바라보며 감사로 반응하는 사람입니다.

02 **믿음의 찬송 – 찬송은 믿음의 능력 :** 마리아는 "내 영혼이 주를 찬양하며 내 마음이 하나님 내 구주를 기뻐하였음은"눅 1:46-47이라고 고백하며, 하나님을 향한 기쁨과 감격을 찬송으로 표현하였습니다. 찬송은 우리의 상황을 바꾸지는 않지만, 우리의 믿음을 새롭게 하고 하나님의 능력을 선포하게 합니다. 찬송은 성령의 역사 가운데 하나님을 더욱 가까이 경험하게 하는 통로입니다. 그래서 믿음의 사람은 어려움 속에서도 먼저 하나님을 찬양하며 그분의 은혜를 선포합니다.

03 **찬양의 주제 – 은혜, 구원, 언약의 신실하심 :** 마리아는 "그의 긍휼하심이 두려워하는 자에게 대대로 이르도다… 우리 조상에게 말씀하신 것과 같이 아브라함과 그 자손에게 영원히 하시리로다"눅 1:50, 55라고 찬양하며, 자신을 돌아보신 하나님의 은혜, 메시아를 통한 구원의 역사, 조상들과 맺은 언약의 성취를 노래하였습니다. 이 찬송은 오늘날 우리에게도 하나님의 신실하심과 구원의 은혜를 상기시켜 줍니다. 우리 역시 하나님의 은혜를 기억하며 감사와 찬송을 멈추지 않아야 하겠습니다.

예 | 화 **보지 못해도, 하나님을 노래한 크로스비**

파니 크로스비(Fanny Crosby)는 생후 6주 만에 시력을 잃고 평생 앞을 보지 못한 채 살았습니다. 하지만 그녀는 자신의 삶을 절망이라 여기지 않고, 오히려 그 어둠 속에서 수많은 찬송시를 지어 하나님을 찬양했습니다. 그녀는 이렇게 고백합니다 : "나는 지금도 감사해요. 내가 보지 못하기에 세상을 바라보는 대신 하나님을 더 깊이 바라볼 수 있으니까요." 그녀가 남긴 찬송가는 9,000곡이 넘습니다. 우리가 잘 아는 '예수로 나의 구주 삼고', '찬송으로 보답할 수 없네', '구주 예수 의지함이' 등도 그녀의 손에서 탄생했습니다. 감사는 상황에서 나오는 것이 아니라, 믿음에서 흘러나오는 것입니다. 파니의 찬송처럼, 마리아의 찬송도 인류를 위한 믿음의 선언이었습니다.

결론 마리아는 하나님의 부르심 앞에서 놀라움과 두려움 가운데서도 믿음으로 순종하며, 감사와 찬송으로 하나님의 뜻에 응답한 여인이었습니다. 우리도 마리아처럼 하나님의 말씀에 귀 기울이고, 주의 뜻에 믿음으로 반응하며, 삶 속에서 하나님께 영광 돌리는 순종의 사람으로 살아가야 하겠습니다.

핵심 요약

01 마리아는 작고 연약한 자였지만, 하나님의 선택을 받아 은혜를 입은 여인이었다.

02 마리아는 이해할 수 없는 부르심 앞에서도 즉각 "아멘"으로 순종하였다.

03 마리아는 감사와 찬송으로 하나님의 은혜와 구원의 역사를 선포하였다

"마리아가 이르되 주의 여종이오니 말씀대로 내게 이루어지이다 하매" (눅 1:38)

묵상 질문

01 나는 하나님의 말씀과 부르심 앞에 어떻게 반응하고 있습니까?

02 내 삶에서 이해되지 않는 상황 속에서도 즉각 순종한 경험이 있습니까?

03 오늘 나는 감사와 찬송으로 어떤 믿음의 고백을 드릴 수 있습니까?

묵상과 기도노트

이번 강의에서 주신 하나님의 메시지를 한 문장으로 적어 보세요.
그리고 오늘 내 삶에 어떻게 적용할지 기록하고 기도해 보세요.

✍ **기록 노트**(한 문장 정리)

....

....

✍ **적용 노트**(오늘 실천할 다짐)

....

....

✍ **기도 노트**(기도문 작성)

....

....

01 나는 하나님의 말씀 앞에서 순종을 미루거나 주저했던 경험이 있습니까? 그때의 결과는 어떠했습니까?

02 "주의 여종이오니 말씀대로 내게 이루어지이다"라는 마리아의 고백을 오늘 내 삶의 어떤 영역에 적용할 수 있습니까?

03 우리 공동체가 하나님의 말씀에 순종하는 믿음의 공동체가 되기 위해 이번 주 함께 실천할 수 있는 구체적인 행동은 무엇입니까?

📖 **주간** 실천 과제

이번 주에는 아래 세 가지 중 최소 한 가지를 실천해 보세요. 다 하면 더 좋습니다!

01 하루 한 번 말씀을 묵상한 뒤 즉각 순종할 수 있는 작은 실천을 기록한다.

02 감사 제목 세 가지를 적고 찬송으로 하나님께 올려드린다.

03 한 사람에게 하나님의 은혜와 말씀의 능력을 나눈다.

"주님, 마리아처럼 주의 말씀 앞에 '아멘'으로 반응하는 믿음을 주소서. 두려움이 아닌 감사와 찬송으로 응답하게 하시고, 제 삶을 통해 하나님의 뜻이 이루어지게 하옵소서. 저의 생각과 계획보다 하나님의 뜻을 더 신뢰하는 겸손한 마음을 허락하여 주옵소서. 오늘도 주님의 말씀에 순종하며 살아가는 제자의 삶을 살게 하옵소서. 예수님의 이름으로 기도합니다. 아멘."

오늘의 선포문

오늘, 나는 하나님의 말씀에 즉각 순종할지어다! 두려움은 떠나가고, 은혜와 찬송이 내 삶을 채울지어다! 말씀은 반드시 이루어질지어다!

● **공동체 합독 선포문:** "우리는 오늘 마리아처럼 하나님의 말씀에 즉각 순종하겠습니다. 말씀대로 이루어질 것을 믿으며, 감사와 찬송으로 하나님께 영광 돌리겠습니다!"

지혜의 묵상

"순종은 이해의 결과가 아니라, 신뢰의 결단에서 시작된다."

– 존 오트버그(John Ortberg)

마리아 이름의 신학적 의미

- 고통 가운데 이루어지는 하나님의 구원 역사

성경에는 '마리아 Maria'라는 이름을 가진 여인들이 반복해서 등장합니다. 이 이름은 히브리어 미리암 Miriam에서 유래한 것으로, 그 어근에는 마라 Marah, 히브리어 מָרָה, 곧 "쓴 것, 고통"이라는 의미가 담겨 있습니다.

성경의 구원 역사를 살펴보면 하나님은 종종 고통의 자리에서 구원의 역사를 시작하시는 하나님이십니다. 이 흐름은 이미 구약에서부터 나타납니다. 아브라함이 독자 이삭을 바치라는 시험을 받았던 모리아 Moriah 산은 고통과 시험의 장소였지만, 하나님께서 어린 양을 준비하심으로 구원의 예표가 드러난 곳이었습니다 창 22:14.

이러한 구속사의 흐름은 신약에 와서 '마리아'라는 이름을 가진 여인들을 통해 다시 이어집니다. 예수님의 탄생과 사역, 십자가와 부활의 역사 주변에는 네 명의 중요한 마리아가 등장합니다. 이들은 모두 서로 다른 자리에서 예수님을 섬겼지만, 공통적으로 고통과 헌신 속에서 하나님의 구원 역사에 참여한 사람들이었습니다.

- 예수님의 어머니 마리아 : 하나님의 뜻에 순종하여 메시아의 탄생을 받아들이고, 십자가 아래에서 아들의 고통을 함께 지켜보았습니다.
- 막달라 마리아 : 예수님의 은혜로 치유를 경험한 후 끝까지 주님을 따르며 부활의 첫 증인이 되었습니다.
- 베다니의 마리아 : 예수님의 발 앞에 앉아 말씀을 듣고 향유로 주님을 섬기며 헌신의 예배를 드렸습니다.

- 마가의 어머니 마리아 : 자신의 집을 초대교회의 기도처로 내어주어 복음 공동체를 섬겼습니다.

이처럼 네 명의 마리아는 각기 다른 자리에서 하나님을 섬겼지만, 모두 고통과 헌신의 자리에서 하나님의 구원 역사에 참여한 믿음의 사람들이었습니다.

핵심 이해

1. 고통 속에서도 구원의 역사를 이루시는 하나님

'마라(Marah)'라는 단어가 의미하듯 성경은 인간의 고통과 현실을 숨기지 않습니다. 그러나 동시에 하나님은 그 고통 속에서 새로운 구원의 역사를 이루시는 분이십니다. 하나님은 인간의 연약함과 아픔 속에서도 자신의 뜻을 이루어 가십니다.

2. 모리아에서 마리아까지 이어지는 구속사의 흐름

아브라함이 시험을 받았던 모리아 산에서 시작된 구속사의 흐름은 미리암과 마리아라는 이름 속에서 계속 이어집니다. 하나님은 역사 속에서 믿음의 사람들을 통해 구원의 계획을 이루어 가시며, 그 과정 속에는 종종 고통과 헌신의 시간이 포함되어 있습니다.

3. 믿음의 헌신을 상징하는 이름

따라서 '마리아'라는 이름은 단순한 인물의 이름이 아니라, 고통 속에서도 하나님을 사랑하며 하나님의 구원 역사에 참여하는 믿음의 헌신을 상징하는 이름입니다.

마리아 신앙 학교

Mary Faith School

막달라 마리아

사랑으로 울며 섬긴
부활의 최초 증언자

막달라 마리아
사랑으로 울며 섬긴 부활의 최초 증언자

호주에서 태어난 크리스틴 케인Christine Caine은 어린 시절 입양되어 자랐지만, 12세부터 3년간 가족의 성적 학대를 겪으며 깊은 상처 속에 살았습니다. "나는 사랑받을 수 없는 존재야"라는 절망이 그녀의 마음을 지배했고, 세상은 그녀에게 결코 안전한 곳이 아니었습니다. 그러나 스물한 살에 친구의 초청으로 교회를 찾아간 그날, 예배 중 하나님께서 말씀하셨습니다. "너는 나의 딸이다. 나는 너를 알고, 너를 부른다." 그 한마디는 그녀의 인생을 완전히 바꾸었습니다. 눈물 속에서 무너졌던 자존감이 회복되었고, 그날 이후 그녀는 과거의 상처를 숨기지 않고 하나님의 회복의 증거로 드리기 시작했습니다. 깨어진 인생이 주님의 손에 붙들리자, 그 상처는 치유의 통로로 변했습니다.

이후 그녀는 세계적인 복음 전도자이자 연설가로 서며, 인신매매 피해 여성과 아이들을 구출하는 'A21 캠페인'을 세웠습니다. 그녀의 삶은 "사랑받을 수 없는 여자"에서 "사랑으로 세상을 섬기는 여인"으로 변한 놀라운 부활의 이야기입니다. "나는 더 이상 상처 입은 여자가 아닙니다. 나는 하나님께 쓰임받는 여인입니다." 그녀의 눈물과 부르심의 여정은, 절망의 무덤에서 부활의 소식을 들은 막달라 마리아의 이야기를 오늘의 현실로 이어줍니다.

도입 질문
나도 상처와 절망 속에서도 하나님께 쓰임받을 수 있다고 믿고 있습니까?

02 막달라 마리아

서론 　막달라 마리아는 예수님께 고침받고, 해방과 치유의 감격으로 주님을 끝까지 따랐던 여인입니다. 십자가 앞에서도, 무덤 앞에서도 그녀는 떠나지 않았고, 부활의 아침 누구보다 먼저 예수님을 만나게 됩니다. 오늘 우리는 그녀의 눈물과 사랑, 그리고 부활의 증인이 된 사명을 통해 우리 삶에 주신 은혜를 다시 기억하고자 합니다.

대지 1 치유받고 주님을 섬긴 막달라 마리아 눅 8:2-3

01 **마리아의 고향 – 막달라 :** 막달라는 갈릴리 지역에 있는 상업 중심지로, 염색과 직물, 조선업이 발달한 번화한 도시였지만 동시에 이교도 문화와 도덕적 부패가 많았던 곳입니다. 막달라 마리아는 그 도시의 한쪽에서 상처와 낙심 속에 조용히 살아가고 있었던 여인이었습니다. 그러나 하나님께서는 그런 어두운 환경 속에서도 한 사람을 주목하시고, 회복의 역사를 시작하셨습니다. 누가복음은 그녀가 그 도시 출신임을 일부러 언급하며, 하나님의 은혜가 환경과 배경을 뛰어넘는다는 사실을 드러냅니다 눅8:2.

02 **일곱 귀신 들렸다가 고침 받은 마리아 :** 누가복음 8장 2절은 마리아가 "일곱 귀신"에 사로잡혔던 여인이라고 기록합니다. 숫자 '일곱'은 완전수를 의미하듯, 그녀의 영혼이 완전히 어둠에 지배되었음을 상징합니다. 마리아는 사람들로부터 외면당하고, 깊은 내적 고통 속에 살아갔을 것입니다. 하지만 예수님께서는 그녀를 외면하지 않으시고, 오히려 먼저 다가가셔서 그녀를 온전히 자유하게 하셨습니다. 과거가 아무리 무너져 있었더라도, 주님의 은혜는 그 모든 것을 새롭게 하셨습니다 눅8:2.

물질로 주님을 섬긴 마리아 : 회복된 마리아는 주님께 받은 은혜를 잊지 않았습니다. 그녀는 자신의 물질과 시간, 삶 전체를 아끼지 않고 드리며 예수님과 제자들의 사역을 섬겼습니다. 그 당시 여성으로서 공개적으로 예수님을 섬긴다는 것은 용기 있는 결정이었지만, 마리아는 기꺼이 감당하였습니다. 그녀의 감사는 말로 끝나지 않았고, 행동으로 드러났으며, 삶 전체가 하나의 찬양이 되었습니다 눅8:3.

함께 주님을 섬긴 여인들의 헌신 (누가복음 8:2-3)		
이름	본문	헌신의 내용
막달라 마리아	눅8:2	일곱 귀신에게 고침 받고, 물질로 섬김
요안나	눅8:3	헤롯의 청지기 구사의 아내, 높은 사회적 위치에서 섬김
수산나	눅8:3	개인적으로 섬김의 헌신을 한 여성으로 기록됨
기타 여러 여인들	눅8:3	자신들의 재산으로 예수와 제자들을 섬김

이 여인들은 단순한 조력이 아니라, 복음 사역의 적극적 동역자였습니다. 오늘날에도 이들의 모습은, '뒤에서 조용히 그러나 귀하게 섬기는 여성 리더십'의 모범이 됩니다.

예 l 화 델리아 녹스(Delia Knox)의 극적인 치유 이야기

델리아 녹스(Delia Knox)는 22년 넘게 교통사고 후유증으로 휠체어에 의지해 살아야 했던 복음 가수였습니다. 그녀는 2010년 미국 앨라배마에서 열린 베이 리바이블(Bay Revival) 집회 중, 예수님께 무릎을 꿇고 기도받는 도중 놀랍게도 일어나 걷기 시작했습니다. 순식간에 휠체어에서 벗어난 그녀를 보며 회중도, 가족도 눈물을 흘렸습니다. 이후 그녀는 장애를 떠나 찬양 사역과 간증을 통해 많은 사람에게 예수님의 치유와 사랑을 증거하게 되었습니다. 막달라 마리아처럼 델리아도 고통받던 삶에서 주님을 만난 뒤, 온몸과 삶으로 하나님을 섬기기로 결단했던 사람이었습니다.

주님을 열정적으로 사랑했던 막달라 마리아 요 20:1

01 십자가 최후의 순간까지 함께 한 마리아 : 마리아는 예수님께서 십자가를 지고 골고다 언덕을 오르실 때, 울며 그 길을 끝까지 따라갔습니다 눅 23:27-28. 그 길은 영광의 길이 아니라 조롱과 고통의 길이었고, 대부분의 사람들과 제자들은 두려움 속에 흩어졌습니다. 그러나 마리아는 물러서지 않았습니다. 그녀는 십자가 아래에 남아 주님의 마지막 순간을 지켜보았습니다 마 27:56. 주님을 사랑한다는 것은 형편이 좋을 때만 따르는 것이 아니라, 고난의 자리에서도 떠나지 않는 선택임을 마리아는 보여 주었습니다. 그녀의 사랑은 말로 드러나는 사랑이 아니라, 끝까지 남아 있는 사랑이었습니다.

또한 마리아는 예수님의 죽음 이후에도 그 자리를 떠나지 않았습니다. 무덤의 위치를 확인하고 장례의 마지막까지 함께하며 눅 23:55, 모든 것이 끝난 것처럼 보이는 순간에도 주님 곁에 머물렀습니다. 이 변함없는 사랑은 훗날 부활의 첫 증인이 되는 길로 그녀를 이끌었습니다.

02 시체에 향유를 부으러 무덤까지 간 마리아 : 마리아는 예수님의 시신에 향유를 바르기 위해, 아직 해가 뜨기도 전 새벽에 무덤을 찾아갔습니다 요 20:1. 이 땅에서 보기 싫은 것 중 하나가 사람의 시체일 것입니다. 새벽 아직 밝기도 전에, 공동묘지에서 여성이 남자의 시체를 찾는 것은 희생으로 봉사하려는 마음이 없이는 못할 일입니다. 그녀는 예수님의 생전이나 죽음 이후에도 변함없이 주님을 사랑한 여인이었습니다. 우리 또한 상황과 감정에 흔들리지 않고, 변함없이 주님을 사랑하는 자가 되어야 합니다.

03 시체가 없어진 것을 슬퍼하는 마리아 : 무덤에 도착했을 때 예수님의 시신이 보이지 않자 마리아는 크게 슬퍼하며 울었습니다. 두 제자는 상황을 보고 집으로 돌아갔지만, 마리아는 끝까지 무덤

앞에 남아 울고 있었습니다요 20:11. 마리아가 주님에 대한 어떤 단서라도 찾지 않을까 해서 무덤 속을 들여다 본 것을 볼 때, 죽음보다 강한 마리아의 사랑을 볼 수 있습니다. 예수님을 사랑하되 "예수님이 죽었다고 생각되는 상황" 혹은 "예수님이 사라진 상황"에서도 끝까지 예수님을 사랑하고 예수님을 만나야겠다는 믿음이 그녀에게는 있었습니다. 마리아의 눈물은 주님을 향한 사랑의 표현이었고, 그 사랑은 결국 부활하신 주님을 가장 먼저 만나는 은혜로 이어졌습니다.

> **예 화 사형수를 끝까지 지킨 어머니**
>
> 한 청년이 강도살인죄로 사형을 선고받고 감옥에 수감되었습니다. 언론은 그를 비난했고, 세상은 그를 버렸습니다. 하지만 그의 어머니는 매주 먼 길을 걸어 면회를 왔고, 아들을 위해 눈물로 기도하며 편지를 써 보냈습니다. 그녀는 마지막 사형 집행일에도 그 자리에 있었고, 아들은 사형 직전 어머니를 향해 울먹이며 말했습니다. "어머니, 어머니의 사랑이 내 인생의 마지막 빛이에요." 사랑은 변하지 않을 때 가장 강력해집니다. 막달라 마리아의 사랑도 그러했습니다. 모두가 떠난 자리에, 주님을 향한 눈물의 사랑으로 남은 그녀는 결국 가장 먼저 부활의 주님을 만나는 축복을 누리게 되었습니다.

3 주님의 부활의 증인이 된 막달라 마리아 요 20:18

01 **부활의 최초 목격자가 된 마리아 :** 막달라 마리아는 예수님의 부활을 처음으로 목격한 여성으로, 그 믿음의 눈물은 역사의 증거가 되었습니다. 여러 여인들이 함께 무덤에 갔지만눅 23:55, 예수님의 부활을 최초로 목격한 자는 바로 막달라 마리아였습니다. 그

녀는 눈물을 많이 흘리고 정신이 없었던 탓에, 처음에는 자신 앞에 나타나신 예수님을 알아보지 못했습니다 요 20:14. 그 순간, 마리아는 눈앞에 계신 분이 예수님이라는 사실조차 인식할 여유가 없을 만큼 감정이 북받쳐 있었습니다.

02 **주님의 음성을 듣는 마리아** : 부활하신 주님의 부르심은 지금도 우리를 향한 인격적인 사랑의 표현입니다. 예수님께서 '마리아야' 하고 직접 이름을 부르셨을 때, 그녀는 비로소 부활하신 주님이신 것을 깨달았습니다 요 20:16. 전에 늘 부르시던 음성으로 친히 그 이름을 불러주셨기 때문입니다. 부활하신 주님은 지금도 각 사람을 이름으로 부르시며, 개인적으로 만나 주십니다.

03 **부활의 증인이 된 마리아** : 막달라 마리아는 주님의 부활을 증언한 첫 번째 인물이 되어, 그 복된 소식을 세상에 전했습니다. 마리아는 제자들에게 자신이 본 부활하신 예수님과 그분의 말씀을 증언했습니다 요 20:18. 그녀의 증언은 제자들에게 놀라움과 기쁨, 소망을 안겨주었습니다. 마리아는 초기 갈릴리 전도에도, 말기 예루살렘 상경에도 끝까지 동행했던 여인이었습니다. 이제 그녀는 단순한 추종자를 넘어, 부활의 사실을 세상에 전하는 사명의 증인으로 살아가게 되었습니다. 주님을 끝까지 사랑한 한 여인의 순종은 결국 교회의 첫 부활 증언으로 열매 맺게 되었습니다.

예│화 **시각장애인 소녀의 고백**

한 시각장애인 소녀가 있었습니다. 그녀는 태어나 한 번도 세상을 본 적이 없었지만, 주일마다 교회에 가서 예배를 드리고, 설교를 경청하며 예수님의 이야기를 마음에 새기곤 했습니다. 어느 날 한 교인이 조심스럽게 물었습니다. "너는 예수님을 본 적이 없는데 어떻게 그렇게 사랑할 수 있니?" 소녀는 망설임 없이 대답했습니다. "전 주님을 본 적은 없지만, 주님이 제 이름을 부르시는 걸 느껴요. 제 마음이 먼저 알아요." 막달라 마리아도 그랬습니다. 눈물 속에서도, 그녀는 주님의 음성을 듣고 부활의 증인이 되었습니다.

결론　막달라 마리아는 일곱 귀신에 시달리던 과거에서 벗어나 예수님을 통해 온전한 회복을 경험한 여인이었습니다. 그녀는 받은 은혜에 감격하여 주님을 따랐고, 십자가 현장과 무덤 앞에서도 떠나지 않았으며, 부활의 첫 증인으로 부름받았습니다. 예수님께서 그녀에게 가장 먼저 나타나신 이유는 그녀의 눈물어린 사랑과 변함없는 헌신을 기억하셨기 때문입니다. 우리도 마리아처럼 주님을 뜨겁게 사랑하고, 받은 은혜에 감사하며, 삶의 자리에서 부활의 증인으로 살아가야 하겠습니다.

핵심 요약

01　마리아는 치유와 회복의 은혜를 잊지 않고 주님을 섬겼다.

02　눈물의 사랑은 십자가와 무덤 앞에서도 흔들리지 않았다.

03　주님은 그 사랑을 기억하시고 그녀를 부활의 첫 증인으로 세우셨다.

memo

"마리아야 하시니 마리아가 돌이켜 히브리말로 랍오니 하니 이는 선생님이라는 말이라" (요 20:16)

묵상 질문

01 나는 주님의 사랑과 은혜에 어떻게 반응하고 있습니까?

02 고통 중에도 눈물로 주님께 나아가며 변함없이 사랑을 고백하고 있습니까?

03 오늘 내 자리에서 '부활의 증인'으로 살아가는 모습은 무엇입니까?

묵상과 기도노트

이번 강의에서 주신 하나님의 메시지를 한 문장으로 적어 보세요.
그리고 오늘 내 삶에 어떻게 적용할지 기록하고 기도해 보세요.

✍ 기록 노트(한 문장 정리)

_____

_____

✍ 적용 노트(오늘 실천할 다짐)

_____

_____

✍ 기도 노트(기도문 작성)

_____

_____

01 내가 경험한 "주님을 향한 눈물의 기도"는 무엇입니까?

02 막달라 마리아처럼 변함없는 사랑을 끝까지 지킨 경험이 있다면 나누어 보십시오.

03 오늘 우리 공동체가 '부활의 증인'으로 살기 위해 함께 실천할 수 있는 일은 무엇입니까?

📖 **주간** 실천 과제

이번 주에는 아래 세 가지 중 최소 한 가지를 실천해 보세요. 다 하면 더 좋습니다!

01 오늘 하루 감사한 순간을 기록한다.

02 한 사람에게 주님의 사랑과 부활의 소망을 나눈다.

03 아침에는 3분간 말씀을 묵상하고, 저녁에는 감사한 일을 3줄로 기록한다.

"주님, 막달라 마리아처럼 주님을 뜨겁게 사랑하게 하소서. 과거의 상처를 회복시켜주신 은혜에 감사하며, 오늘도 부활의 증인으로 살게 하옵소서. 눈물 속에서도 주님을 찾았던 마리아처럼 어떤 상황에서도 주님을 향한 사랑이 식지 않게 하옵소서. 저의 삶을 통해 부활의 소망과 복음의 기쁨이 세상에 전해지게 하옵소서. 예수님의 이름으로 기도합니다. 아멘."

오늘의 선포문

오늘, 예수님의 이름으로 내 삶에 부활의 빛이 비출지어다! 과거의 상처는 치유될지어다! 나는 오늘도 부활의 증인으로 살지어다!

공동체 합독 선포문: "우리는 오늘 막달라 마리아처럼 부활의 증인으로 살 것을 다짐합니다. 눈물의 사랑으로 주님을 따르며, 복음의 증인으로 세상에 나아갈 것을 선포합니다!"

지혜의 묵상

"하나님은 우리의 실패보다, 회개한 눈물과 새롭게 살고자 하는 헌신을 보신다."

– 릭 워렌(Rick Warren)

마리아 신앙 학교

Mary Faith School

사명자의 길 시리즈 1
(KMTS CORE 15)

03

베다니 마리아

주님의 말씀과
사랑에 빠진 여제자

베다니 마리아
주님의 말씀과 사랑에 빠진 여제자

북한의 지하교회 성도들에게 성경은 목숨보다 귀한 생명줄이었습니다. 성경 한 권을 소유했다는 사실이 발각되면 체포와 고문, 심지어 죽음까지도 각오해야 했습니다. 그럼에도 불구하고 그들은 하나님의 말씀을 포기할 수 없었습니다. 그래서 그들은 한 장이라도 손에 넣으면 밤새워 손으로 베껴 적었고, 찢어진 종이 한 조각이라도 서로 나누어 품었습니다. 어떤 이는 요한복음 한 장을, 어떤 이는 시편 몇 구절만을 품에 간직한 채, 틈날 때마다 꺼내어 눈물로 읽었습니다.

지하 방이나 산속 동굴에서 촛불 하나 켜고 말씀을 돌아가며 읽을 때, 그들의 얼굴에는 눈물과 환희가 뒤섞인 빛이 흘렀습니다. 말씀을 읽는 그 시간만큼은 세상의 고통도, 배고픔도 잊을 수 있었습니다. 한 성도는 이렇게 고백했습니다. "우리에겐 집도, 자유도, 생명도 없지만, 말씀 한 장만 있다면 우리는 삽니다." 그들에게 말씀은 지식이 아니라 숨 쉬는 생명이었고, 하루를 견디게 하는 하늘의 양식이었습니다. 비록 성경책 한 권다 갖지 못했지만, 말씀 앞에 앉는 그들의 태도는 베다니의 마리아처럼 주님을 향한 순전한 사랑의 고백이었습니다.

도입 질문 ●
북한 지하교회 성도들이 성경 한 장을 생명처럼 붙든 것처럼, 나는 오늘 말씀을 얼마나 사모하며 그 앞에 앉고 있습니까?

3 베다니 마리아

베다니 마리아는 예수님의 임재와 말씀을 사모한 여인이었습니다. 그녀는 분주한 일상보다 말씀을 선택했고, 그 선택은 주님께 '좋은 편'이라 칭찬받았습니다. 오늘 우리도 마리아처럼 말씀 앞에 앉는 은혜를 사모해야 합니다.

대지 1 말씀에 대한 영적인 목마름을 가졌던 마리아 눅 10:38-42

01 **베다니에 살았던 마리아 :** 베다니는 예루살렘에서 약 3km 정도 떨어진 작은 마을로, 문둥병자와 사회적으로 소외된 자들이 주로 머물던 지역이었습니다. 마리아는 그곳에서 언니 마르다, 오빠 나사로와 함께 조용한 삶을 살고 있었습니다. 언니 마르다는 활동적인 성격이었고, 마리아는 묵상과 내면에 집중하는 성품이었습니다. 그녀는 세상에서 볼 때 평범한 여성에 불과했지만, 예수님은 그 평범한 여인의 영적 갈망을 귀히 보시고 그녀의 집을 방문하셨습니다. 눅 10:38

02 **마리아의 집을 방문하신 예수님 :** 예수님께서 베다니에 오셨을 때, 마르다는 바쁘게 음식을 준비하며 섬기고 있었고, 마리아는 예수님의 발치에 앉아 그분의 말씀을 경청하고 있었습니다. 당시 유대 사회에서 여성이 공적으로 랍비의 가르침을 받는다는 것은 이례적인 일이었지만, 마리아는 담대하게 말씀을 듣는 자리에 나아갔습니다. 그녀의 선택은 관습을 넘어서, 주님의 말씀을 향한 깊은 갈망의 표현이었습니다. 주님의 임재 앞에서는 봉사보다도 말씀을 듣는 것이 먼저였습니다. 마리아는 많은 일을 하지 않았지만, 가장 중요한 한 가지를 선택했습니다. 예수님은 마르다의 요청에도 흔들리지 않고, 마리아의 그 선택을 '가장 좋은 것'이라 칭찬하셨습니다 눅 10:39-41.

03

가장 좋은 것인 하나님 말씀을 붙잡은 마리아 : "마리아는 이 좋은 편을 택하였으니 빼앗기지 아니하리라"눅 10:42 예수님의 말씀은 마리아의 심령 깊숙이 새겨졌고, 세상의 그 무엇으로도 흔들리지 않을 믿음의 기초가 되었습니다. 염려와 분주함이 삶을 삼키려 할 때 마리아는 말씀을 선택했고, 그 선택은 평생토록 빼앗기지 않을 생명의 자산이 되었습니다. 말씀을 듣고 붙드는 그 한순간이 곧 인생을 바꾸는 영적 전환점이 됩니다.

예┃화 말씀 한 장이면 충분

루마니아 공산주의 정권 아래에서 복음을 전하다가 1948년 체포된 리차드 범브란트(Richard Wurmbrand) 목사는, 무려 14년 동안 감옥에 갇혀 혹독한 고문과 고립된 수감생활을 견뎌야 했습니다. 그는 한동안 햇빛도, 사람의 목소리도 들을 수 없는 독방에 갇혀 있었습니다. 그 감옥에는 성경도, 종이도, 펜도 아무 것도 없었습니다. 하지만 그는 포기하지 않았습니다. 그는 자신이 기억하고 있는 성경 말씀들을 반복해서 암송하며 하루하루를 버텼습니다.

그 중 하나가 바로 마리아가 주님의 발 앞에 앉아 말씀을 들은 장면이었습니다. 그는 "마리아는 좋은 편을 택하였으니 빼앗기지 아니하리라"(눅 10:42)는 예수님의 말씀을 마음에 새기며, 그 어둠 속에서도 말씀을 잃지 않았습니다. 훗날 그는 석방되어 고백했습니다. "감옥에서 성경 한 장을 가질 수만 있다면, 그 한 장을 수천 금보다 더 귀히 여겼을 것입니다. 그러나 나는 더 큰 은혜를 누렸습니다. 암송하고 묵상한 말씀 한 구절이 내 영혼을 지켰고, 나를 살렸습니다."

이 이야기는 말씀에 대한 사모함이 어떤 고난 속에서도 결코 꺼지지 않음을 보여주는 강력한 증거입니다. 베다니 마리아처럼, 리차드 목사는 말씀을 듣는 편을 택했고 결코 빼앗기지 않는 생명의 능력을 체험했습니다.

대지 2 부활이요 생명이신 주님을 체험한 마리아 요 11:1-44

01 **오빠 나사로의 죽음으로 비통해하는 마리아 :** 마리아는 믿음을 흔드는 가장 큰 아픔 앞에 직면하게 되었습니다. 그것은 바로 오빠 나사로의 죽음이었습니다. 그 집안의 든든한 기둥이었던 오빠가 병들고, 결국 세상을 떠난 것입니다. 예수님께서 도착하셨을 때는 이미 나흘이 지나 시신에서 냄새가 날 정도였습니다 요 11:39. 마르다는 "주께서 여기 계셨더라면 내 오라버니가 죽지 아니하였겠나이다" 요 11:21라고 말하며 안타까움과 신뢰 사이에서 흔들렸고, 마리아 역시 그 슬픔 속에서 눈물로 주님을 맞이했습니다.

02 **부활이요 생명이심을 선언하시는 예수님 :** 예수님께서는 슬픔에 잠긴 자매들에게 분명히 말씀하셨습니다. "나는 부활이요 생명이니 나를 믿는 자는 죽어도 살겠고 무릇 살아서 나를 믿는 자는 영원히 죽지 아니하리니 이것을 네가 믿느냐" 요 11:25-26. 예수님은 나사로의 무덤을 향해 나아가며, 사람들의 시선을 넘어 '하나님의 영광을 보게 될 것'이라는 믿음의 선언을 하십니다 요 11:40. 마리아는 주님의 이 말씀이 단순한 위로가 아닌 실제 생명을 일으키는 능력임을 곧 체험하게 됩니다.

03 **예수님의 기도와 나사로의 소생 :** 예수님은 하늘을 우러러 감사의 기도를 드리시며, 아버지께서 항상 자신의 기도를 들으시는 것을 고백하셨습니다 요 11:41-42. 이어 "나사로야 나오라"는 단한 마디 명령의 기도로, 죽은 자를 무덤에서 불러내셨습니다 요 11:43. 무덤을 향해 흘렸던 마리아의 눈물은, 이제 생명의 기쁨과 감사의 찬양으로 바뀌었습니다. 이 장면은 예수님께서 단지 위로자가 아니라 생명을 다시 일으키시는 부활의 주님이심을 증거합니다. 감사의 기도는 기적을 열고, 믿음의 고백과 선포는 하나님의 영광을 여는 문이 됩니다.

예|화 죽은 심장을 다시 뛰게 한 감사의 고백 – 파울리나 야로스

1982년 폴란드 크라쿠프(Krakow)에서 간호사로 일하던 파울리나 야로스(Paulina Jaros)는 사고로 8분간 심장이 멈춘 채 병원에 실려왔습니다. 의사들은 소생이 어렵다고 판단했습니다. 그러나 어머니는 그녀의 손을 붙잡고 "주님, 감사합니다. 이미 살리신 줄 믿습니다"라고 기도했습니다. 그 기도 후 그녀의 심장은 다시 뛰기 시작했고, 며칠 후 아무런 장애 없이 회복되었습니다. 이후 그녀는 의료선교사로 헌신하며 "하나님은 절망 속에서도 생명을 일으키신다"고 고백했습니다. 이 간증은 믿음으로 드려진 감사의 기도가 생명을 살리는 능력이 있음을 보여줍니다.

대지 3 가장 소중한 옥합을 깨뜨린 마리아 막 14:3-9

소중한 옥합을 주님께 부은 마리아 : 고난 주간의 수요일, 예수님께서는 십자가를 앞두고 예루살렘 인근의 작은 마을 베다니, 나병 환자 시몬의 집에서 식사 중이셨습니다. 당시 베다니는 예루살렘에서 약 3km 떨어진 평안한 마을로, 예수님께서 종종 머무시며 마르다와 마리아, 나사로의 가정을 사랑하셨던 곳이었습니다. 그 자리에서 마리아는 아무 말 없이 예수님께 다가가, 순전한 나드 향유 한 옥합을 깨뜨려 주님의 머리에 부었습니다 막 14:3. 나드는 인도 히말라야 지역에서 수입된 고가의 향유로, 당시에는 왕족이나 귀족의 장례를 준비할 때 사용되던 귀중품이었습니다. 하루 품삯이 1데나리온이던 시대에, 300데나리온은 1년치 임금에 해당하는 값이었습니다. 마리아는 자신의 가장 소중한 것을 아낌없이 쏟으며, 사랑과 헌신의 표현을 주님께 드렸습니다.

02 **마리아의 행동을 이해하지 못하는 사람들 :** 하지만 그 자리에 있던 제자들 중 일부는 마리아의 행동을 낭비라고 여겼습니다. "이 향유를 왜 허비하는가? 이것을 삼백 데나리온 이상에 팔아 가난한 자들에게 줄 수 있었겠다"막 14:4-5며 그녀를 책망했습니다. 당시 유대사회에서는 가난한 자를 구제하는 행위가 가장 큰 덕목으로 여겨졌기 때문에, 그들의 반응은 인도적 관점에서는 타당해 보였습니다. 그러나 그들의 시선은 '선한 일'에는 머물러 있었지만, 하나님께서 이루고 계신 구속의 시간은 보지 못하고 있었습니다. 그들은 예수님께서 곧 십자가의 죽음을 맞이하시며, 장례를 준비하시는 구속사의 순간을 이해하지 못했습니다. 마리아는 단순한 감정적 헌신이 아니라, 예언적 통찰과 사랑의 직감으로 주님께 향유를 부었던 것입니다. 그녀의 시선은 사람을 향하지 않았고, 오직 주님의 마음에 고정되어 있었습니다.

03 **주님의 마리아에 대한 평가 :** 예수님께서는 그 즉시 마리아를 변호하셨습니다. "가만두라. 너희가 어찌하여 그를 괴롭게 하느냐? 그가 내게 좋은 일을 하였느니라"막 14:6 주님은 그녀의 헌신을 단순한 충동이 아닌, 자신의 장례를 준비한 거룩한 행위로 해석하셨습니다. 당시 유대인들은 시신에 향유를 부어 장례를 치르는 풍습이 있었는데, 마리아는 주님께서 돌아가시기 전 그 향유를 미리 부어 '살아 있는 헌신의 제사'를 드린 셈이었습니다.

예수님은 "복음이 전파되는 곳마다 이 여인의 행한 일도 함께 전파되리라"막 14:9고 선포하셨습니다. 사람들의 눈에는 낭비로 보였지만, 주님은 그것을 복음의 향기로 받으셨습니다. 헌신의 가치는 사람들의 평가가 아니라, 주님의 해석에 의해 결정됩니다. 참된 헌신은 계산이 아니라 사랑에서 나오며, 때로는 오해를 감수해야 하는 선택이기도 합니다. 마리아의 사랑과 헌신은 시간과 문화를 초월하여, 모든 세대의 신앙인에게 '전적인 사랑'의 본이 되었습니다.

전 재산을 드린 헌신

1901년, 중국 허난성에서 선교하던 미국 남장로교 여성 선교사 로티 문(Lottie Moon)은 자신이 먹을 식량과 물자를 줄이면서까지 기근에 시달리는 중국인들을 돌보았습니다. 그녀는 복음을 전하면서도 가장 낮은 자리에 있는 사람들과 함께하며, 자신의 물질을 아낌없이 나누었습니다. 결국 그녀는 영양실조로 72세의 나이에 중국 해안에서 생을 마감했습니다. 그녀의 삶은 마치 옥합을 깨뜨린 마리아처럼, 예수님과 복음을 위해 전부를 드린 헌신의 삶이었습니다.

결론 베다니 마리아는 말씀 앞에 머물렀고, 부활의 주님을 체험했으며, 가장 귀한 것을 아낌없이 주님께 드린 여인이었습니다. 우리도 마리아처럼 주님의 임재를 사모하고, 말씀에 집중하며, 믿음으로 감사하고 헌신할 때, 주님은 우리 삶에 결코 빼앗기지 않을 가장 좋은 것을 허락하십니다.

핵심 요약

01 베다니 마리아는 분주함보다 말씀을 선택하여 주님께 칭찬받았다.

02 말씀 앞에 앉은 선택은 결코 빼앗기지 않는 영적 자산이 되었다.

03 마리아는 주님의 임재와 말씀 속에서 헌신과 사랑을 배웠다.

"마리아는 이 좋은 편을 택하였으니 빼앗기지 아니하리라" (눅 10:42)

묵상 질문

01 나는 분주한 일상 속에서 말씀을 선택하는 시간을 얼마나 소중히 여기고 있습니까?

02 말씀을 듣는 자리에 앉는 것이 내 삶의 우선순위가 되고 있습니까?

03 오늘 나는 주님의 음성에 집중하기 위해 어떤 결단을 내릴 수 있습니까?

묵상과 기도노트

이번 강의에서 주신 하나님의 메시지를 한 문장으로 적어 보세요.
그리고 오늘 내 삶에 어떻게 적용할지 기록하고 기도해 보세요.

✍ **기록 노트**(한 문장 정리)

✍ **적용 노트**(오늘 실천할 다짐)

✍ **기도 노트**(기도문 작성)

----

01 내가 분주함을 내려놓고 말씀 앞에 앉았던 경험이 있다면 나누어 보십시오.

02 마르다가 아닌 마리아의 선택을 내 삶에 적용한다면, 구체적으로 어떤 변화가 가능하겠습니까?

03 우리 공동체가 '말씀을 붙드는 공동체'가 되기 위해 이번 주 함께 실천할 수 있는 것은 무엇입니까?

📖 **주간** 실천 과제

이번 주에는 아래 세 가지 중 최소 한 가지를 실천해 보세요. 다 하면 더 좋습니다!

01 하루 10분 말씀을 묵상하고 깨달음과 결단을 기록한다.

02 말씀 중 한 구절을 암송하며 하루에 세 번 이상 선포한다.

03 가족이나 지인과 함께 감동받은 말씀 한 구절을 나누며 적용한다.

"주님, 베다니 마리아처럼 말씀 앞에 앉는 은혜를 제게 허락하소서. 분주함보다 주님의 음성을 우선하게 하시고, 그 말씀 속에서 생명과 능력을 경험하게 하옵소서. 듣는 말씀을 마음에 간직하고 삶으로 순종하게 하옵소서. 예수님의 이름으로 기도합니다. 아멘."

오늘, 나는 분주함보다 말씀을 선택하겠습니다! 주님의 음성은 내 영혼의 힘이요 생명입니다. 말씀은 결코 빼앗기지 않을 나의 보배입니다!

● **공동체 합독 선포문:** "우리는 오늘 베다니 마리아처럼 말씀 앞에 앉기를 선택합니다. 주님의 음성을 귀 기울여 듣고, 그 말씀대로 살겠습니다!"

"말씀을 경청하는 사람은 하나님의 마음을 가장 먼저 아는 사람이다."

－ 유진 피터슨 (Eugene Peterson)

마리아 신앙 학교

○ ○ ○

Mary Faith School

04

마가의 어머니 마리아

기도로 교회를 세운
선교적 사명자

마가의 어머니 마리아
기도로 교회를 세운 선교적 사명자

1900년대 초, 중국 내지선교회China Inland Mission에서 사역하던 허드슨 테일러Hudson Taylor 선교사는 극심한 박해와 고된 여정으로 지쳐 있었습니다. 매일 쏟아지는 사역의 무게와 위험 앞에서, 선교사들에게는 몸과 영혼을 쉬게 할 안식처가 절실했습니다. 그때 중국의 한 중년 여인이 조용히 자신의 집 문을 열었습니다. 그 집은 크지도, 화려하지도 않았습니다. 그러나 그 문이 열리자 지친 선교사들의 발걸음이 하나둘 모여들었습니다. 좁은 거실에는 무릎 꿇은 기도의 눈물이 쌓였고, 작은 부엌에서는 피곤한 이들을 위한 따뜻한 수프와 사랑의 식탁이 차려졌습니다. 밤이 깊도록 그곳에서는 찬송과 간구의 소리가 이어졌고, 지친 영혼들이 말씀으로 새 힘을 얻었습니다.

그 집은 어느새 복음의 전략이 세워지는 기도의 집, 하나님의 임재가 머무는 안식의 집, 그리고 선교사들이 다시 세워지는 회복의 집이 되었습니다. 그 여인은 이렇게 고백했습니다. "나는 말주변도 없고, 설교도 못합니다. 하지만 제 집은 주님의 일에 드릴 수 있습니다." 하나님은 그녀의 조용한 헌신을 사용하여 선교의 역사를 새롭게 써 내려가셨습니다. 그 평범한 집은 마치 마가의 어머니 마리아의 다락방처럼, 교회의 시작과 부흥의 불씨가 피어난 기도의 처소가 되었습니다.

도입 질문

나의 집, 나의 공간, 나의 작은 것들이 교회를 살리고 복음을 전하는 주님의 도구가 될 수 있다면 나는 무엇을 기꺼이 내어드릴 수 있겠습니까?

04 마가의 어머니 마리아

서론

성경에는 화려한 업적이나 기적을 일으킨 사람들만 기록된 것이 아닙니다. 눈에 띄지 않지만 조용히 자신을 드려 복음을 돕는 이들도 있습니다. 오늘 우리가 만날 인물, 마가의 어머니 마리아는 바로 그런 여인이 었습니다. 그녀는 자신이 가진 '집'이라는 공간과 일상의 삶을 복음과 교회를 위해 아낌없이 내어드렸습니다. 특별한 능력이나 직분이 없었지만, 그녀의 헌신은 교회 공동체에 큰 영향을 끼쳤고, 사도 베드로를 살리는 기도의 집이 되었습니다.

대지 1 자신의 집과 소유로 헌신한 마리아 행 1:12-14

01

자신의 집을 가정 교회 장소로 개방한 마리아 : 그녀는 예루살렘에 큰 집을 가지고 있었습니다. 예수님이 잡히시던 밤에 성찬식을 한 곳도, 부활과 승천 과정과 이후에도 제자들의 모임을 가진 곳이 바로 마리아의 집이었습니다. 그녀는 음식과 쉼과 기도 모임을 제공하였습니다. 그녀의 집은 단순한 공간이 아니라 성령의 역사가 머무는 영적 거점이 되었습니다. 초대교회 공동체는 그 집에서 하나 되어 기도하며 새로운 사명을 준비하였습니다. 행 1:12-14 그곳은 단순한 모임의 장소를 넘어 하나님 나라의 역사가 시작되는 믿음의 출발점이었습니다.

02

헌신자를 통하여 하나님의 역사가 일어남 : 자신이 소유한 것들을 주님과 교회를 위하여 헌신할 때 하나님의 나라가 확장됩니다. 다윗에게도 목숨을 걸고 우물물을 길어 온 세 용사가 있었기에 다윗의 왕국이 세워질 수 있었습니다 삼하 23:15-17. 하나님은 언제나 자신을 기꺼이 드리는 자를 통해 일하십니다. 헌신은 단순한 행동을 넘어 하나님의 나라를 실현하는 도구가 됩니다.

03 　**각자에게 맞는 헌신이 필요함 :** 예수님 어머니 마리아는 몸으로 헌신하였고, 막달라 마리아는 물질과 마음을 드려 헌신하였고, 베다니 마리아는 소중한 옥합을 깨뜨려 헌신하였고, 마가의 어머니 마리아는 집을 드려 헌신하였습니다. 각 사람에게 주어진 환경과 능력 안에서 최대한 헌신하는 것이 중요합니다. 감사하는 마음이 없으면 헌신하기 힘듭니다. 주님은 각자의 형편과 달란트에 맞는 헌신을 기뻐 받으십니다. 중요한 것은 비교가 아닌, 감사로 드리는 마음입니다롬 12:6-8.

예 | 화　감춰진 뿌리의 헌신

　　어느 날 한 나무 전문가가 아름드리 나무 한 그루를 바라보며 말했습니다. "이 나무는 보이는 줄기보다 땅속 뿌리가 더 크고 넓게 퍼져 있습니다. 이 나무가 수십 년간 바람과 비를 견딘 이유는, 보이지 않는 곳에서 자리를 지킨 뿌리 때문입니다." 교회 역사 속에도 뿌리 같은 사람들이 있습니다. 드러나지 않지만 자신의 공간과 자원을 드려 교회를 지탱해온 사람들, 마가의 어머니 마리아도 그런 인물이었습니다. 그녀는 자신을 드러내지 않으면서도, 하나님 나라를 위한 헌신의 통로가 되었습니다.

대지 2　기도에 헌신한 마리아　행 12:7-17

01 　**마리아의 집에서 주로 기도회를 가짐 :** 성령께서 강림하신 마가의 다락방은 마리아의 집이었는데 이 집에서 전심으로 제자들이 모여 기도하였습니다행 1:13-14. 베드로가 옥에 갇혔을 때에도 이 집에 모여 전심으로 탈옥과 하나님의 기적을 위하여 기도하였습니다행 12:5, 12. 우리도 쓸데없는 모임에 가지 말고, 예배나 기도를 위한 모임 등에 적극적으로 가야 합니다. 마리아는 단순히 장소만 제공한 것이 아니라, 그 기도의 중심에 있었던 여인이었습니

다. 그녀의 헌신은 공동체 전체가 기도의 자리에 모이도록 이끄는 영적 촉매제가 되었습니다.

02 **합심 기도에 능력이 있음 :** 성령 강림 사건이나 베드로의 탈옥이나 전부 개인 기도가 아니라 합심 기도에서 능력이 나타났습니다 행 2:1-4, 행 12:12. 성령의 충만을 위해서, 또 절망적인 상황의 기적을 위해서, 우리는 합심 기도의 능력을 믿으며 기도해야 합니다. 마리아의 집에서 드려진 기도는 한 사람의 열정이 아닌 공동체의 믿음의 응집력이었습니다. 믿음의 공동체가 함께 부르짖을 때 하나님은 그 기도를 통해 놀라운 역사를 이루십니다.

03 **기도해야 뜨거워진다 :** 기도하면 사명을 알게 되고 사명을 깨달은 사람은 뜨거워질 수밖에 없습니다. 태양과 멀어지면 춥고 가까워지면 뜨거운 것처럼 하나님과 가까워져야 뜨거워집니다 약 4:8. 번제는 태우는 것입니다. 성령의 불로 우리 옛 사람을 태우고 비전의 불이 타오르게 해야 합니다 롬 12:11, 레 6:13. 기도는 영혼의 체온계입니다. 냉담해진 마음도 기도의 불길 안에서 다시 뜨거워지고, 낙심한 심령도 기도 안에서 다시 일어납니다.

예 | 화 **기도의 어머니, 수잔나 웨슬리**

18세기 영국의 경건 운동을 이끈 존 웨슬리와 찰스 웨슬리의 어머니 수잔나 웨슬리(Susanna Wesley)는 무려 19명의 자녀를 둔 가정주부였습니다. 그녀는 하루에 두 시간씩, 아이들의 소란 속에서도 앞치마를 머리에 덮어쓰고 기도하곤 했습니다. 그녀의 삶은 기도 그 자체였고, 자녀들에게도 신앙의 본을 보여 주었습니다. 그녀의 무릎에서 기도한 아이들이 후에 영국을 깨우는 부흥의 도구가 되었고, 수많은 영혼이 주께로 돌아오는 기적이 일어났습니다. 한 여인의 무릎 위에서 시작된 기도가 온 세계를 바꿔놓은 것입니다.

선교 사역에 헌신한 마리아 딤후 4:11

01 **선교하는 주의 종들을 섬김 :** 마리아는 예수님의 제자들과 사도들을 전심으로 섬겼습니다. 그녀는 자신의 집을 열어 집과 음식, 안식처를 제공했으며, 중보 기도로 이들을 돕는 삶을 살았습니다. 그녀의 이러한 섬김은 단지 물질적 도움을 넘어서, 깊은 신앙의 열매이자 선교에 대한 사명감에서 비롯된 헌신이었습니다. 하나님께 받은 은혜에 대한 감사가 넘쳤기에, 그녀는 기쁨으로 주님의 일꾼들을 섬길 수 있었습니다 cf. 골 4:10. 선교는 앞에 나서는 사람만의 사역이 아니라, 뒤에서 섬기고 기도하는 사람들의 헌신 위에 세워지는 공동의 사역입니다.

02 **자신의 아들 마가를 선교사로 헌신함 :** 마리아는 자신의 아들 마가를 선교의 길로 헌신시킨 어머니였습니다. 바나바와 함께 선교 여행을 떠나는 아들을 믿음으로 보내며, 영적·물질적 후원을 아끼지 않았습니다. 처음에는 미숙했던 마가였지만, 마리아의 지속적인 기도와 격려 속에서 그는 베드로의 통역자요 마가복음의 저자가 되었으며, 바울도 그를 '유익한 자'라 평가했습니다 딤후 4:11. 이러한 마가의 변화 뒤에는 어머니 마리아의 헌신적인 뒷받침이 있었던 것입니다.

마가의 선교 여정 요약표

항목	내용	관련 성경
어머니 마리아	예루살렘 가정교회의 중심 인물, 기도와 섬김의 헌신자	행 12:12
마가의 첫 선교	바나바와 바울과 함께 1차 선교 여행 참여 (중도 이탈)	행 13:13
회복과 재신임	바울과 재회하여 "사역에 유익한 자"로 회복됨	딤후 4:11
복음서 집필자	베드로의 통역자이자 동역자, 마가복음 저자	벧전 5:13

03

주님의 사명을 위하여 뜨거워져야 함 : 하나님은 마리아처럼 헌신적인 자를 통해 복음의 역사를 이루어 가십니다. 물이 끓을 때 수증기가 생기듯, 헌신은 삶에 성령의 열매와 능력을 만들어냅니다. 우리는 자신이 가진 것과 환경 속에서 최선을 다해 감사함으로 주님과 교회를 섬겨야 합니다. 뜨거운 마음은 타오르는 비전과 사랑으로 이어지고, 결국 하나님의 나라를 이루는 도구가 됩니다. 하나님은 식은 마음이 아니라, 뜨거워진 마음을 통해 일하십니다. 마음이 살아날 때 사명이 살아나고, 사명이 살아날 때 하나님의 역사가 시작됩니다.

CF. 헌신하는 어머니 마리아의 3가지 선교적 역할

❶ 사도들을 위한 중보와 돌봄

가정교회를 열고, 사역자들을 실제적으로 섬긴 기도의 리더 행 12:12

❷ 다음 세대를 선교의 길로 헌신시킴

마가를 믿음으로 보내며 기도로 동역한 어머니의 사명 감당 골 4:10

❸ 가정 전체를 복음의 통로로 사용함

집, 시간, 자녀 모두를 복음에 드린 삶

우리는 종종 선교를 '멀리 떠나는 특별한 부르심'이라고만 생각합니다. 그러나 마리아처럼 가정을 여는 것, 자녀를 믿음으로 세우는 것, 사역자와 선교사를 기도와 물질로 돕는 것 또한 귀한 선교입니다. 하나님은 마리아의 집에서 기도의 응답을 시작하셨고 행 12:12, 그녀의 아들 마가를 통해 복음서를 쓰게 하셨습니다. 오늘 우리의 작은 헌신이 바로 하나님의 큰 역사를 준비하는 선교가 될 수 있습니다.

예 | 화 **선교사를 키운 어머니의 헌신**

윌리엄 캐리(William Carey)는 현대 선교의 아버지로 불리며 인도 선교의 문을 연 인물입니다. 그 뒤에는 늘 무릎 꿇어 기도하던 그의 어머니 엘리자베스가 있었습니다. 가난하고 평범했던 그녀는 자녀들에게 하나님의 나라를 위해 사는 법을 가르쳤고, 아들을 인도 선교사로 기꺼이 보냈습니다. 비록 현지에서 고난과 질병, 가족의 죽음을 겪기도 했지만, 그녀의 기도와 헌신은 아들을 통해 열방을 향한 복음의 물결로 이어졌습니다.

결론 마가의 어머니 마리아는 이름도 없이 빛도 없이 조용히 교회를 섬긴 여인이었습니다. 그녀의 집은 단순한 생활 공간이 아니라 성령의 임재와 기도의 불길이 타오르는 초대교회의 심장이었습니다. 마리아는 자신의 집과 시간, 물질, 아들까지 주님의 나라를 위해 기꺼이 드렸습니다. 그녀의 삶은 모든 성도에게 "나는 무엇을 드릴 수 있는가?"라는 거룩한 질문을 던집니다. 오늘 우리의 일상과 공간도 하나님 나라를 위한 축복의 통로가 되어야 합니다.

핵심 요약

01 마가의 어머니 마리아는 자신의 집과 소유를 주님께 드려 교회를 섬겼다.

02 그녀의 집은 기도의 불길이 타오르는 초대교회의 심장이 되었다.

03 그녀는 아들 마가를 선교의 길로 헌신시켜 복음 확장의 도구가 되었다.

"마가라 하는 요한의 어머니 마리아의 집에 가니 여러 사람이 거기에 모여 기도 하고 있더라" (행 12:12)

묵상 질문

01 나는 나의 공간과 소유를 얼마나 주님께 내어드리고 있습니까?

02 내 삶 속에서 기도의 불길이 가장 뜨겁게 타올랐던 순간은 언제입니까?

03 교회를 위해 조용히 헌신할 수 있는 나의 '작은 것'은 무엇입니까?

묵상과 기도노트

이번 강의에서 주신 하나님의 메시지를 한 문장으로 적어 보세요.
그리고 오늘 내 삶에 어떻게 적용할지 기록하고 기도해 보세요.

기록 노트(한 문장 정리)

_____

_____

적용 노트(오늘 실천할 다짐)

_____

_____

기도 노트(기도문 작성)

_____

_____

01 공동체 안에서 누군가의 헌신이나 섬김을 통해 위로와 회복을 경험했던 순간을 나누어 보십시오.

02 공동체가 함께 모여 기도할 때 경험한 응답이나 변화를 나누어 보십시오.

03 마리아처럼 자녀나 다음 세대를 믿음으로 세우는 일에 내가 할 수 있는 헌신은 무엇입니까?

📖 **주간** 실천 과제

이번 주에는 아래 세 가지 중 최소 한 가지를 실천해 보세요. 다 하면 더 좋습니다!

01 집 안에 작은 '기도의 자리'를 정하고 매일 교회를 위해 중보기도를 드린다.

02 내 주변에 지친 이웃이나 교회 식구를 작은 친절로 섬긴다.

03 한 주간 나의 집과 시간과 자원을 주님께 어떻게 드릴 수 있을지 구체적으로 계획해본다.

"주님, 마가의 어머니 마리아처럼 저의 일상과 공간이 하나님의 나라를 위한 터전이 되게 하소서. 작은 것이라도 기쁨으로 드려 교회를 세우게 하시고, 기도의 불길이 제 삶 속에서 꺼지지 않게 하옵소서. 예수님의 이름으로 기도합니다. 아멘."

오늘의 선포문

오늘, 나는 나의 공간과 시간을 주님께 드립니다! 작은 순종 위에 하나님께서 위대한 일을 행하실 것을 선포합니다!

● **공동체 합독 선포문:** "우리는 마가의 어머니 마리아처럼 교회를 품는 기도의 집이 되겠습니다. 우리의 작은 헌신을 통해 하나님 나라가 확장될 것을 믿습니다!"

지혜의 묵상

"하나님의 나라는 거대한 무대가 아니라 조용한 헌신과 기도의 골방에서 시작된다."

– 에이미 카마이클 (Amy Carmichael)

마리아 신앙 학교

Mary Faith School

05

마리아 신앙

예배, 말씀, 사랑, 전도의 헌신

5

예배, 말씀, 사랑, 전도의 헌신

3세기 북아프리카 카르타고에서, 22살의 젊은 귀족 여인 비비아 페르페투아Vibia Perpetua는 갓난아기를 둔 어머니였습니다. 당시 로마 황제의 박해 아래에서 기독교인들은 신앙을 부인하지 않으면 감옥에 갇히거나 죽임을 당했습니다. 체포된 그녀에게 아버지는 눈물로 애원했습니다. "딸아, 네 아이를 위해서라도 믿음을 버려라." 그러나 페르페투아는 단호히 고백했습니다. "나는 그리스도인입니다." 감옥의 차가운 돌바닥 위에서도 그녀는 동료 신자들과 함께 찬송하고, 서로의 손을 잡고 기도했습니다. 그들은 고통 속에서도 예배를 멈추지 않았고, 주님을 향한 믿음의 노래를 밤마다 올려드렸습니다.

마침내 원형경기장으로 끌려간 그녀는 맹수 앞에서도 두려워하지 않았습니다. 어린 아들을 하늘의 손에 맡기고, 하얀 옷을 입은 채 담대히 주님께 나아갔습니다. 그녀의 마지막 미소와 찬송은 오히려 군중의 마음을 울렸고, 수많은 사람들이 그녀의 믿음을 통해 복음의 진리를 깨닫는 계기가 되었습니다. 페르페투아의 조용한 예배와 헌신은, 세월이 흘러도 꺼지지 않는 초대교회 신앙의 등불이 되었습니다. 한 젊은 어머니의 순결한 고백이 오늘 우리에게도 묻습니다. "너는 어떤 대가를 치르더라도 예배를 지킬 준비가 되어 있느냐?"

도입 질문 ●
만약 신앙 때문에 불이익을 감수해야 한다면, 나는 예배와 기도를 계속 지킬 수 있을까요?

5 마리아 신앙 – **예배, 말씀, 사랑, 전도의 헌신**

마리아 신앙 학교
Mary Faith School

서론 성경 속 여러 마리아들은 단지 주변 인물이 아니라, 교회를 세우는 데 헌신한 여성들이었습니다. 그들의 삶은 곧 예배와 말씀, 사랑과 선교의 본이 되었으며, 오늘날 우리도 그들의 믿음을 따라 살아야 합니다.

대지 1

예배 **몸의 헌신과 찬송(예수님 어머니 마리아)**

01 **자신의 몸으로 헌신한 예수님 어머니 마리아 :** 예수님의 어머니 마리아는 하나님의 뜻에 순종하여 자신의 몸 전체를 드린 여인이었습니다. 동정녀로서 예수님을 잉태하고 해산한다는 것은 사회적 수치와 생명의 위협까지 감당해야 하는 결단이었습니다. 그러나 마리아는 그 모든 두려움을 뛰어넘어, 하나님의 부르심 앞에 "주의 여종이오니 말씀대로 내게 이루어지이다"눅 1:38라고 응답하며 자신의 몸을 드리는 산 제사가 되었습니다. 예배는 단순한 감정이 아니라, 몸과 삶 전체를 하나님께 드리는 거룩한 헌신입니다롬 12:1-2. 마리아는 이러한 예배의 삶으로 나아가, 찬송으로 하나님을 높였습니다눅 1:46-55.

02 **예배의 사명 :** 하나님은 언제나 먼저 예배자를 찾으십니다. 노아가 방주에서 나와 가장 먼저 한 일은 제단을 쌓아 예배한 일이었고, 아브라함은 이삭을 바칠 때에도 예배의 자리를 만들었습니다. 출애굽의 이유도 "하나님을 예배하게 하라"출 9:1는 하나님의 명령에서 비롯되었습니다. 바벨론 포로에서 돌아온 백성들이 처음 회복한 것도 예배였으며스 3:1-6, 초대교회의 핵심도 예배 공동체였습니다행 2:42-47. 예배는 하나님의 백성의 정체성이며, 인생의 궁극적인 목적입니다사 43:21. 예배 없는 삶은 방향을 잃은 나침반과 같습니다.

예화 예배자 엄마의 기도

미국 뉴저지의 한 작은 교회에서 있었던 일입니다. 한 어머니는 매주일마다 다섯 명의 아이들과 함께 예배당 첫 줄에 앉아 예배를 드렸습니다. 남편은 예수님을 믿지 않았고, 아이들도 처음에는 장난만 치며 집중하지 못했습니다. 하지만 그 어머니는 매주 빠짐없이 아이들을 데리고 나와, 찬송과 기도로 예배에 집중했습니다. 그렇게 수년이 지나자, 아이들 모두가 예수님을 인격적으로 영접했고, 나중에는 장성하여 목회자, 선교사, 찬양사역자로 세워지게 되었습니다. 어머니 한 사람의 몸을 드리는 예배가 가정을 변화시키고, 세대를 이어 하나님의 나라를 이루는 씨앗이 되었습니다. 진정한 예배는 찬양만이 아니라, 몸으로 헌신하는 순종입니다.

대지 2 공부 **말씀의 헌신과 성령(베다니 마리아)**

01

말씀 듣고 배우는데 헌신한 베다니 마리아 : 베다니 마리아는 언제나 주님 곁에 머물며, 주님의 말씀을 듣는 일을 사모하고 즐겼습니다 눅 10:39. 그녀에게 말씀은 지식이 아니라 생명이었고, 삶의 방향을 결정하는 기준이었습니다. 이 세상에서 가장 좋은 것은 예수님의 말씀을 듣고 붙잡는 것이며, 말씀의 참된 교사는 성령이십니다 요일 2:27. 마리아는 단순한 지적 호기심이 아니라, 영적 갈망 속에서 말씀을 받아들였습니다. 그 결과 그녀는 성령의 감동에 따라 소중한 옥합을 깨뜨려 예수님께 부음으로 장례를 예비하는 헌신에까지 나아갔습니다 막 14:8. 베다니 마리아는 말씀과 성령의 인도하심이 함께할 때 나타나는 온전한 헌신의 본을 우리에게 보여 줍니다. 이처럼 참된 제자의 삶은 말씀을 듣는 자리에서 시작되어, 성령의 인도하심을 따라 삶으로 순종하는 데까지 나아갑니다.

말씀 공부의 사명 : 베다니 마리아는 말씀을 듣는 데서 멈추지 않고, 말씀을 삶으로 배우는 여인이었습니다. 초대 교회 성도들 역시 사도의 가르침을 받아 말씀을 배우는 일에 힘썼습니다 행 2:42. 배우지 않으면 신앙은 자라지 못하고, 결국 어린아이의 상태에 머물게 됩니다 히 5:12-14. 영적 생활의 활력은 하나님의 말씀을 지속적으로 듣고 배우는 데 있습니다. 말씀은 영혼의 양식이며, 우리의 길을 비추는 등불입니다 시 119:105. 조지 뮬러 George Müller는 날마다 말씀을 묵상하며 하나님의 약속을 붙들고 믿음의 삶을 살았습니다. 오늘날에도 말씀을 공부하고 배우는 목회자와 성도는 흔들리지 않는 신앙 위에 서게 됩니다. 하나님의 말씀은 우리를 새롭게 하고 변화시키며, 마침내 하나님의 뜻에 기쁨으로 순종하게 합니다.

예 | 화 매일 말씀을 필사한 소녀, 한 권의 성경이 된 삶

중국의 한 시골 마을에 살던 16세의 소녀 리 메이(Li Mei)는 예수님을 믿은 후, 성경을 너무 사랑하게 되었습니다. 그러나 당시 그 지역에는 성경이 귀했고, 그녀가 가진 것은 누더기처럼 찢어진 복음서 일부뿐이었습니다. 리 메이는 매일 새벽에 일어나 그 말씀을 노트에 손으로 베껴 적기 시작했고, 밤마다 그 구절들을 눈물로 묵상하며 기도했습니다. 그렇게 몇 해가 지나 그녀의 손글씨 성경 노트는 5권이 되었고, 이웃들은 그녀를 통해 말씀을 읽게 되었습니다.

어느 날, 한 선교사가 그 마을을 방문했을 때, 리 메이는 손글씨 노트를 선물하며 말했습니다. "비록 종이는 싸구려지만, 이 안에 담긴 하나님의 말씀은 제 생명보다 소중합니다. 주님의 발 앞에서 말씀을 듣는 것이 제게는 가장 좋은 편이었습니다." 그녀의 헌신은 마치 베다니의 마리아처럼, 조용히 주님의 발 앞에 앉아 말씀을 경청한 영혼의 향기와도 같았습니다.

대지 3 사랑 마음의 헌신과 눈물(막달라 마리아)

01 **마음과 눈물로 헌신한 막달라 마리아 :** 그녀는 일곱 귀신 들렸다가 치유를 받았습니다. 자신의 소유물로 주님과 제자들을 섬겼으며 예수님이 십자가에서 죽으시고 무덤에 가실 때까지 따라갔고, 또 부활 주일 새벽에 무덤에 제일 먼저 찾아갔다가 처음으로 부활하신 예수님을 만났습니다. 무덤 앞에서의 눈물은 그녀의 주님께 대한 사랑을 보여줍니다. 그녀의 사랑은 환경이나 사람들의 시선을 넘어서, 오직 주님께 집중된 사랑이었습니다.

02 **사랑의 사명 :** 우리는 마리아처럼 주님을 목숨을 다해 사랑하고 형제 자매를 사랑해야 합니다. 이것이 성경의 최고의 계명입니다마 22:36-40. 성도들이 서로 필요를 채워주고 교제하고 사랑하는 것은 초대 교회의 모습이었습니다행 2:44. 우리가 서로 화합할 때 하나님은 번성의 복을 주십니다창 26:22. 형제 자매를 예수님 대하듯이 대하야 합니다마 25:40. 작은 섬김의 손길이 하나님의 사랑을 드러내는 통로가 됩니다.

> ### 예 화 한 영혼을 향한 눈물의 사랑
>
> 한 선교사 부부가 아프리카의 오지 마을에 파송되었을 때, 그곳은 복음에 전혀 문이 열려 있지 않았습니다. 언어도 다르고 문화도 달라 매일 거절당했고, 현지인들은 가까이하려 하지 않았습니다. 그러던 어느 날, 선교사 아내가 아픈 아이 하나를 돌보기 시작했고, 자신의 약을 내어주며 밤낮으로 간호했습니다. 며칠 후, 아이가 기적처럼 회복되었고, 그 어머니는 말했습니다. "이렇게까지 사랑해주는 사람은 처음입니다." 그리고 그날 밤, 그녀는 예수님을 영접하였습니다. 그 후 마을의 분위기가 조금씩 바뀌기 시작했고, 결국 작은 교회가 세워졌습니다. 눈물로 뿌린 사랑의 씨앗은 영혼의 열매가 되어 돌아왔습니다.

대지 4 전도 **기도의 헌신과 선교(마가의 어머니 마리아)**

01 **기도와 선교에 헌신한 마가의 어머니 마리아 :** 마가의 어머니 마리아는 예루살렘에 있는 자신의 집을 기도의 처소로 드렸습니다. 사도 베드로가 옥에서 풀려난 후에도 그 집에는 많은 성도들이 모여 중보 기도를 드리고 있었습니다^{행 12:12}. 그녀는 주의 종들의 선교 사역을 위해 집을 개방하고, 음식과 쉼을 제공하며, 중보 기도자로 섬기는 삶을 살았습니다. 또한 자신의 아들 마가가 선교 사역에 헌신할 수 있도록 모든 지원을 아끼지 않았습니다. 그녀는 자신의 가정과 자녀, 모든 삶의 자원을 주님의 복음 사역에 드리는 귀한 본을 보여주었습니다.

02 **전도의 사명 :** 초대 교회는 "구원받는 사람을 날마다 더하시니라"는 말씀처럼^{행 2:47}, 성도 개개인이 복음의 증인으로 살았기에 부흥할 수 있었습니다. 예수님께서 이 땅에 오신 목적은 죄인을 구원하시려는 것이며^{눅 19:10}, 그 사명을 우리에게 맡기셨습니다. 전도는 선택이 아닌 명령이며, 전도자의 상급은 하늘에서 가장 크다고 하셨습니다^{단 12:3}. 우리가 복음을 전할 때마다 천국에 상급이 쌓이고, 한 영혼이 돌아올 때 하늘에서는 큰 기쁨의 잔치가 벌어집니다.

> **예｜화** **잊혀진 골방의 기도자 – 새뮤얼 밀스의 어머니**
>
> 미국 제1차 대각성운동 이후, 18세기 말 미 북동부에서 조용한 부흥의 불씨가 일어나고 있었을 때입니다. 한 시골 마을에서 한 어머니가 매일같이 집 안 골방에 무릎을 꿇고 기도하셨습니다. 그녀의 기도는 단 하나였습니다. "하나님, 제 아들이 복음을 전하는 선교사가 되게 해주십시오." 그 어머니의 이름은 헤나 밀스(Hannah Mills), 그녀의 아들 이름은 새뮤얼 밀스(Samuel J. Mills)였습니다. 새뮤얼은 결국 미국 최초의 해외 선교 운동을 일으킨 인물이 되었고, 유명한 '헤이스택 기도

회'(Haystack Prayer Meeting)를 주도하여, 미국 해외선교 사협회(ABCFM)의 설립에 결정적 역할을 하였습니다.

그러나 정작 그의 어머니는 아들이 해외로 떠난 후에도 조용히 시골 집에서 기도로만 아들을 섬겼고, 그의 순교 소식을 들은 후에도 "이 아이는 하나님께 이미 드린 아이였습니다" 라고 고백하셨습니다. 그녀의 집은 알려지지 않은 '작은 골방' 이었지만, 그 골방에서의 눈물의 기도는 전 세계에 선교의 물결을 일으키는 시작이 되었습니다.

결론 성경 속 마리아들은 예배와 말씀, 사랑과 전도에 삶을 헌신함으로 교회의 기초를 세운 여성들이었습니다. 그들의 믿음과 헌신은 단순한 종교적 열심이 아니라, 하나님 나라를 이루는 실천적 순종이었습니다. 오늘 우리도 역시 몸과 마음과 삶 전체를 드려 주님의 교회를 세우는 사명을 감당해야 할 것입니다. 이름도 없이 빛도 없이 섬기는 여성들의 기도와 눈물이 결국 교회의 부흥을 이끄는 가장 강력한 힘입니다.

핵심 요약

01 예수님의 어머니 마리아는 자신의 몸을 드려 예배의 삶을 살았다.

02 베다니 마리아는 말씀과 성령 앞에 앉아 헌신하는 본을 보였다.

03 막달라 마리아는 눈물의 사랑으로 주님을 따랐다.

04 마가의 어머니 마리아는 기도와 전도로 교회를 세웠다.

"그들이 사도의 가르침을 받아 서로 교제하며 떡을 떼며 오로지 기도하기를 힘쓰니라" (행 2:42)

묵상 질문

01 나는 예배와 말씀을 내 삶의 우선순위로 두고 있습니까?

02 막달라 마리아처럼 눈물의 사랑으로 주님과 이웃을 섬긴 경험이 있습니까?

03 마가의 어머니 마리아처럼 교회와 선교를 위해 드릴 수 있는 나의 헌신은 무엇입니까?

묵상과 기도노트

이번 강의에서 주신 하나님의 메시지를 한 문장으로 적어 보세요.
그리고 오늘 내 삶에 어떻게 적용할지 기록하고 기도해 보세요.

🖋 기록 노트(한 문장 정리)

🖋 적용 노트(오늘 실천할 다짐)

🖋 기도 노트(기도문 작성)

📖 소그룹 워크숍

01 내 삶에서 예배와 말씀을 지키기 위해 어떤 실천을 해왔는지 나누어 보십시오.

02 사랑의 헌신이 한 영혼을 변화시킨 경험이 있다면 함께 나누어 보십시오.

03 우리 공동체가 '기도와 전도의 공동체'가 되기 위해 이번 주 무엇을 함께 할 수 있을까요?

📖 주간 실천 과제

이번 주에는 아래 세 가지 중 최소 한 가지를 실천해 보세요. 다 하면 더 좋습니다!

01 하루 10분 이상 찬송과 말씀 묵상으로 예배자의 시간을 드린다.

02 가족이나 이웃을 향해 작은 사랑을 실천해본다(격려, 도움, 나눔).

03 교회와 선교를 위해 한 주간 정해진 시간에 중보 기도한다.

마리아 신앙 학교

"주님, 성경 속 마리아들처럼 저의 삶이 예배와 말씀, 사랑과 전도의 헌신이 되게 하소서. 작은 순종과 눈물의 기도를 사용하시어 교회와 세대를 살리시는 주님의 도구로 삼아 주소서. 예수님의 이름으로 기도합니다. 아멘."

오늘의 선포문

오늘, 나는 예배와 말씀, 사랑과 전도의 헌신으로 주님의 교회를 세우겠습니다! 마리아들의 신앙처럼 나의 작은 헌신을 통해 하나님 나라가 확장될 것을 믿습니다!

● **공동체 합독 선포문:** "우리는 성경 속 마리아들처럼 예배와 말씀, 사랑과 전도의 삶에 헌신하겠습니다. 우리의 작은 헌신이 교회를 살리고, 복음을 전하며, 하나님 나라를 이루는 통로가 될 것을 믿습니다!"

지혜의 묵상

마리아처럼 주님 앞에 서면, 예배가 되고

마리아처럼 주님 발 앞에 앉으면, 말씀이 되고

마리아처럼 주님 곁에 머물면, 사랑이 되고

마리아처럼 주님의 교회를 품으면, 선교가 됩니다.

마리아 신앙 학교

Mary Faith School

06

마리아 신앙의 적용

현대 성도의 삶과
교회에 주는 교훈

06

현대 성도의 삶과 교회에 주는 교훈

4세기 북아프리카에 모니카Monica라는 여인이 있었습니다. 그녀의 아들 아우구스티누스Augustine는 총명했지만, 젊은 시절 방탕과 향락에 빠져 어머니의 마음을 깊이 아프게 했습니다. 심지어 이단 사상까지 따라가며 신앙에서 멀어졌습니다. 사람들은 "그 아이는 희망이 없다"고 말했지만, 모니카는 단 한 번도 아들을 위한 기도를 멈추지 않았습니다. 그녀는 매일 눈물로 무릎을 꿇으며 하나님께 간구했습니다. 밤마다 무너지는 마음을 붙잡고, 새벽마다 주님의 약속을 붙들었습니다. 때로는 아들의 냉담한 말에 상처받고, 때로는 끝없는 방황에 낙심했지만, 오히려 그럴수록 더 간절히 부르짖었습니다.

주교 암브로시우스Ambrose는 그녀의 눈물을 보고 이렇게 위로했습니다. "그런 눈물의 기도를 드리는 어머니의 아들은 결코 망하지 않을 것입니다." 그 예언 같은 말대로, 수십 년의 기도 끝에 아우구스티누스는 회심하여 교부 중의 교부로 쓰임받는 하나님의 사람이 되었습니다. 모니카의 눈물은 단지 한 아들을 살린 것이 아니라, 훗날 수많은 영혼을 깨우는 교회의 기초가 되었습니다. 한 어머니의 끈질긴 믿음과 사랑이 시대를 넘어 기도의 유산으로 남은 것입니다.

도입 질문

만약 나의 가족과 공동체가 신앙에서 멀어지고 희망이 보이지 않을 때, 나는 모니카처럼 끝까지 눈물로 기도하며 헌신할 수 있을까요?

6 마리아 신앙의 적용

서론 　마리아들의 신앙은 단순히 과거의 이야기로 끝나지 않습니다. 그들의 예배와 말씀, 기도와 사랑, 그리고 전도의 헌신은 오늘 우리 신앙의 모델이자 교훈이 됩니다. 신앙은 특별한 순간의 결단만이 아니라, 매일 반복되는 루틴 속에서 자라납니다. 또 교회 공동체와 세상 속에서 실천될 때, 하나님 나라의 역사는 지금도 계속 확장됩니다.

대지 1

개인적 적용 **영성의 루틴을 세우라**

01 **예배의 루틴 – 몸과 삶을 드리라 :** 예수님의 어머니 마리아는 "주의 여종이오니 말씀대로 내게 이루어지이다" 눅 1:38라고 고백하며 자신의 몸을 산 제물로 드렸습니다. 이것은 단순한 말이 아니라 인생 전체를 하나님께 맡기는 헌신이었습니다. 예배도 마찬가지입니다. 주일에만 드리는 형식이 아니라, 삶 전체를 하나님께 올려 드리는 반복적 훈련이 되어야 합니다 롬 12:1-2. 아침을 시작하는 감사의 기도, 식사 때의 짧은 기도, 잠자리에 들기 전의 묵상과 찬송 – 이런 루틴은 하루를 하나님 중심으로 묶어 줍니다. 작은 습관의 반복이 쌓일 때, 우리의 몸과 삶은 점점 더 거룩한 산 제사로 세워집니다.

02 **말씀의 루틴 – 주님의 발 앞에 앉으라 :** 베다니의 마리아는 분주함을 내려놓고 주님의 발 앞에 앉아 말씀을 듣는 것을 인생의 가장 좋은 편으로 삼았습니다 눅 10:39-42. 말씀은 영혼의 양식이며, 삶의 길을 밝히는 등불입니다 시 119:105. 매일 아침 10분 말씀 읽기, 하루 한 구절 암송, 묵상 노트 작성 같은 작은 습관들이 모여 신앙의 기초를 세웁니다. 신앙은 특별한 순간의 열정이 아니라, 말씀을 반복해 붙잡는 루틴 속에서 자라납니다. 꾸준히 말씀을 가

까이하는 삶은 마치 근육을 단련하는 것처럼 영적 체질을 강건
하게 만듭니다.

03 **기도와 사랑의 루틴 – 작은 헌신을 실천하라 :** 막달라 마리아는 눈물
로 주님을 사랑했고, 끝까지 무덤 곁을 지켰습니다 요 20:11-16. 이
처럼 기도와 사랑은 한순간의 결단이 아니라, 매일 반복되는 작
은 습관으로 자리 잡아야 합니다. 하루를 열며 교회와 가정을 위
한 중보기도를 하고, 하루를 마칠 때 감사와 회개의 기도로 마무
리하는 습관은 영혼의 호흡을 살려냅니다. 또 매일 최소한 한 가
지 작은 사랑의 행동 – 격려 문자, 친절한 말, 작은 나눔 – 을 실
천한다면, 사랑은 일상의 루틴으로 굳어져 공동체를 따뜻하게
세웁니다. 신앙의 루틴은 단순한 반복 습관이 아니라, 영적 훈련
Spiritual Discipline입니다. 사도 바울은 "경건에 이르기를 연습하라"
딤전 4:7고 말씀했습니다. 여기서 '연습하다'라는 단어는 운동선수
가 경기 전 매일 훈련하는 모습을 연상시킵니다. 예배·말씀·기도·
사랑의 루틴은 바로 이러한 영적 훈련으로, 우리의 내면을 단련
하고 성령께서 역사하실 공간을 열어 드립니다.

예┃화 **말씀의 루틴이 절망을 견디게 하다**

2차 세계대전 당시 네덜란드에서 한 여인이 조용히 성경
을 붙들고 살았습니다. 그녀의 이름은 코리 텐 붐(Corrie ten
Boom)이었습니다. 코리와 그녀의 가족은 나치의 박해 속에서
유대인들을 숨겨 주다 발각되어 체포되었고, 코리는 여성 강제
수용소인 라벤스브뤼크에 수감되었습니다.

극심한 고통 속에서도 코리는 하나님의 말씀을 놓지 않았습
니다. 그녀는 작은 성경을 몰래 간직하며, 틈이 날 때마다 동료
수감자들과 함께 말씀을 읽고 암송하며 서로를 격려했습니다.

말씀 묵상은 특별한 체험이 아니라, 절망 속에서도 하루를
견디게 하는 지속적인 영적 루틴이었습니다.

마리아 신앙 학교

전쟁이 끝난 후 코리는 이렇게 고백했습니다. "고난의 시간이 지나간 후에도 나를 붙들어 준 것은 감정이 아니라, 날마다 반복해서 붙잡았던 하나님의 말씀이었습니다." 그녀의 삶은 말씀을 붙든 루틴이 한 사람과 공동체를 어떻게 살릴 수 있는지를 보여 주는 증언이 되었습니다.

적용 질문 ●

나는 예배·말씀·기도와 사랑을 신앙의 루틴으로 세우기 위해 오늘부터 어떤 작은 습관을 세우고 실천하겠습니까?

대지 2

공동체적 적용 **교회를 세우라**

01

가정과 소그룹이 교회의 기초가 된다 : 마가의 어머니 마리아의 집은 초대교회의 기도의 처소가 되었습니다 행 12:12. 교회의 부흥은 언제나 거대한 성전에서 시작되는 것이 아니라, 작은 가정에서부터 시작됩니다. 가정이 말씀과 기도의 자리가 될 때, 그 집은 마리아의 집처럼 교회의 심장으로 쓰임 받습니다. 또한 소그룹과 구역 모임은 단순한 친교 자리가 아니라 교회를 세우는 기초가 됩니다. 바울은 "너희는 그리스도의 몸이요 지체의 각 부분이라"고전 12:27고 말했습니다. 교회는 건물이 아니라 지체들의 모임이며, 작은 모임들이 모여 교회의 전체를 든든히 세워 갑니다.

02

합심 기도의 불길이 교회를 살린다 : 초대교회는 사도의 가르침을 받고 교제하며, 떡을 떼고 기도하기를 힘썼습니다 행 2:42. 합심 기도는 개인의 기도와 달리, 공동체 전체를 하나로 묶는 힘이 있습니다. 베드로가 옥에서 풀려난 사건도 마리아의 집에 모여 기도한 성도들의 간절한 합심 기도에서 비롯되었습니다. 교회의 회복과 부흥은 언제나 무릎 꿇는 기도에서 시작됩니다. 신앙은 개인적 차원에 머무르지 않고, 공동체적 차원에서 성령의 불길을 경험할 때 더욱 강력해집니다.

03 **사랑의 교제가 공동체를 든든히 세운다** : 초대교회 성도들은 모든 물건을 서로 통용하며, 필요를 따라 나누었습니다^{행 2:44-45}. 교회가 교회다워지는 것은 화려한 행사나 웅장한 건물이 아니라, 성도들이 서로 사랑하며 돌보는 데 있습니다. 사도 요한은 "형제를 사랑하지 아니하는 자는 하나님을 알지 못하느니라"^{요일 4:8}고 단언했습니다. 사랑의 교제는 단순한 선택이 아니라, 교회의 본질이며 영적 루틴이 되어야 합니다. 작은 친절과 위로의 말, 작은 나눔이 교회를 견고하게 세우는 초석이 됩니다.

예 화 **새벽 종을 울린 권사님의 기도**

한국전쟁 직후, 교회 건물은 불타고 성도들은 사방으로 흩어졌습니다. 예배당은 텅 비어 있었지만, 한 동네의 이름 없는 권사님들이 매일 새벽마다 무너진 교회에 모였습니다. 그들은 추운 겨울에도 낡은 방석을 깔고 무릎을 꿇었고, 손수 종을 울려 기도의 시작을 알렸습니다. 교회에 사람은 적었지만, 종소리가 마을에 퍼질 때마다 "교회는 아직 살아 있다"는 신호가 되었습니다.

그들의 이름은 역사책에 기록되지 않았지만, 그 눈물과 간절한 기도는 한국 교회의 부흥을 일으킨 보이지 않는 불씨가 되었습니다. 오늘 우리가 누리는 교회의 성장 뒤에는, 이렇게 보이지 않는 자리에서 종을 울리며 교회를 지켜낸 이들의 기도가 있었습니다.

적용 질문 ●

내가 속한 가정, 소그룹, 교회 공동체가 초대교회처럼 기도와 사랑으로 세워지기 위해 나는 어떤 헌신을 감당할 수 있을까요?

대지 3 | 세상 속 적용 | **선교적 삶으로 나아가라**

01 성도의 정체성은 '선교적 존재'다 : 마리아들의 헌신은 교회 안에 머무르지 않았습니다. 그들의 사랑과 기도는 결국 세상 속으로 흘러가 복음 전도의 불씨가 되었습니다. 오늘 성도들도 교회 울타리 안에만 머무르지 않고, 직장과 가정, 학교와 사회 현장에서 "선교적 존재 Missional Being"로 살아가야 합니다. 예수님께서 "너희는 세상의 빛이라"마 5:14 말씀하신 것처럼, 성도는 세상 한복판에서 하나님의 나라를 드러내는 살아 있는 등불입니다. 선교는 일부 특별한 사람의 소명이 아니라, 모든 성도의 정체성입니다.

02 작은 실천이 선교의 씨앗이 된다 : 선교는 거대한 프로젝트나 해외 파송으로만 제한되지 않습니다. 한 마디의 친절한 말, 작은 섬김, 짧은 기도와 관심이 곧 복음의 씨앗이 됩니다. 초대교회 성도들은 날마다 성전에 모여 예배하고, 집집마다 떡을 떼며 서로 교제했습니다행 2:46. 그들의 소박한 일상의 반복이 결국 "구원받는 사람을 날마다 더하시니라"행 2:47는 놀라운 부흥으로 이어졌습니다. 오늘 우리의 일상도 마찬가지입니다. 한 걸음의 순종이 선교의 시작이 됩니다.

03 삶의 자리 자체가 선교지가 된다 : 마가의 어머니 마리아의 집이 복음의 거점이 되었듯이, 오늘 우리의 가정, 직장, 학교가 곧 선교지가 될 수 있습니다. "너희가 먹든지 마시든지 무엇을 하든지 다 하나님의 영광을 위하여 하라"고전 10:31는 말씀처럼, 성도의 모든 삶은 하나님의 나라를 드러내는 자리입니다. 세상 속에서 성도는 하나님의 대사로 살아가며, 존재 자체가 복음의 편지가 됩니다고후 3:2-3. 결국 선교는 어디에 가느냐의 문제가 아니라, 어디에 있든지 어떻게 살아가느냐의 문제입니다.

예 화 **구두방에서 시작된 선교의 불길**

현대 선교의 아버지라 불리는 윌리엄 캐리(William Carey)는 원래 영국의 한 시골 구두 수선공이었습니다. 그는 가게 한쪽 벽에 세계 지도를 붙여 놓고, 구두를 꿰매며 각 나라를 위해 기도했습니다. 사람들의 눈에는 그저 평범한 구두장이였지만, 그의 작은 가게는 하나님 나라의 전략본부였습니다. 결국 그는 인도로 파송되어 복음을 전하며 수많은 영혼을 살렸고, 세계 선교의 문을 여는 선구자가 되었습니다. 캐리의 이야기는 선교가 특별한 장소에서만 시작되는 것이 아니라, 우리의 일상적 삶의 자리에서 이미 시작될 수 있음을 보여줍니다.

적용 질문 ●

내 삶의 자리(가정, 직장, 학교, 사회)를 선교의 현장으로 삼기 위해 어떤 작은 실천을 시작할 수 있을까요?

결론 마리아들의 신앙은 오늘 성도의 삶과 교회에 살아 있는 교훈을 줍니다. 작은 영적 루틴은 개인을 세우고, 기도와 사랑은 공동체를 살리며, 선교적 삶은 세상 속에서 하나님의 빛을 드러냅니다. 이름 없이 헌신했던 마리아들처럼, 우리의 일상적인 순종과 헌신이 하나님 나라를 이루는 도구가 되기를 소망합니다.

핵심 요약

01 마리아들의 신앙은 예배·말씀·기도·사랑의 루틴으로 드러난 삶이었다.

02 그들의 신앙은 공동체를 세우는 기도의 불씨와 사랑의 돌봄으로 이어졌다.

03 그들의 헌신은 교회 안을 넘어 세상 속에서 선교적 삶으로 확장되었다.

"너희는 세상의 빛이라 산 위에 있는 동네가 숨겨지지 못할 것이요" (마 5:14)

묵상 질문

01 나는 예배·말씀·기도와 사랑의 루틴을 일상 속에서 어떻게 세워 가고 있습니까?

02 내가 속한 가정과 공동체 안에서 초대교회처럼 서로 사랑하고 기도하기 위해 어떤 작은 실천을 할 수 있을까요?

03 내 삶의 자리(가정, 직장, 학교, 사회)를 선교지로 삼기 위해 이번 주에 실천할 한 가지 구체적 결단은 무엇입니까?

묵상과 기도노트

이번 강의에서 주신 하나님의 메시지를 한 문장으로 적어 보세요.
그리고 오늘 내 삶에 어떻게 적용할지 기록하고 기도해 보세요.

✍️ **기록 노트**(한 문장 정리)

....

....

✍️ **적용 노트**(오늘 실천할 다짐)

....

....

✍️ **기도 노트**(기도문 작성)

....

....

01 내가 일상 속에서 세운 신앙 루틴(예배, 말씀, 기도, 사랑)이 있다면 무엇인지 나누어 보십시오.

02 우리 소그룹이나 공동체가 초대교회처럼 기도와 사랑으로 세워지기 위해 함께 할 수 있는 작은 실천은 무엇입니까?

03 내 삶의 자리(가정·직장·학교·사회)를 선교의 현장으로 삼기 위해 이번 주 한 가지 구체적으로 결단할 것은 무엇입니까?

📖 **주간** 실천 과제

이번 주에는 아래 세 가지 중 최소 한 가지를 실천해 보세요. 다 하면 더 좋습니다!

01 하루 한 번 말씀을 묵상한 뒤 즉각 순종할 수 있는 작은 실천을 기록한다.

02 감사 제목 세 가지를 적고 찬송으로 하나님께 올려드린다.

03 한 사람에게 하나님의 은혜와 말씀의 능력을 나눈다.

"주님, 마리아들의 신앙을 본받아 저의 일상에 예배와 말씀, 기도와 사랑의 루틴을 세우게 하소서. 제가 속한 가정과 공동체를 세우는 기도의 불씨가 되게 하시고, 삶의 자리마다 복음을 증거하는 선교적 존재로 살게 하옵소서. 작은 습관과 헌신을 통해 하나님의 큰 역사가 이루어짐을 믿습니다. 예수님의 이름으로 기도합니다. 아멘."

오늘의 선포문

오늘, 나는 마리아들의 신앙을 따라 예배·말씀·사랑·전도의 루틴을 세우겠습니다! 내 가정과 공동체는 기도의 집이 되고, 내 삶의 자리는 선교지가 될 것입니다.

● **공동체 합독 선포문:** "우리는 마리아들의 신앙을 본받아, 예배와 말씀, 사랑과 전도의 삶을 루틴으로 세우겠습니다. 우리의 가정과 교회, 그리고 세상 속에서 하나님 나라의 빛을 드러내겠습니다!"

지혜의 묵상

"하나님은 작은 일들 속에서 위대한 일을 이루신다."

– 존 웨슬리(John Wesley)

MEMO

부록

강의	마리아	핵심 주제	적용 키워드
제1강	예수님의 어머니 마리아	몸으로 드린 예배의 헌신	예배, 순종, 몸의 헌신
제2강	막달라 마리아	사랑으로 울며 섬긴 부활의 최초 증언자	치유, 사랑, 부활의 증인
제3강	베다니 마리아	주님의 말씀과 사랑에 빠진 제자	말씀, 집중, 좋은 선택과 헌신
제4강	마가의 어머니 마리아	기도로 교회를 섬긴 조용한 중보자	중보, 가정교회, 공간 헌신, 선교
제5강	마리아 신앙 총정리	예배, 말씀, 사랑, 전도의 헌신	통합 적용, 사명자의 삶

Note

이 묵상 플랜은 '마리아 신앙 시리즈' 6강을 바탕으로, 각 마리아의 헌신을 매일 삶에 적용해보도록 돕습니다. 7일로 구성하여 주말까지 풍성하게 묵상할 수 있도록 구성하였습니다.

요일	묵상 주제	성경 본문	오늘의 적용
월요일	예배하는 마리아	눅 1:26-38	순종으로 드리는 몸의 예배
화요일	섬기는 마리아	눅 8:1-2 요 20:11-18	눈물로 주님을 사랑함
수요일	말씀 앞에 앉은 마리아	눅 10:38-42	말씀 앞에 머무는 결단
목요일	기도하고 선교하는 마리아	행 12:5, 12	조용히 기도하는 삶
금요일	마리아 신앙 정리	요 19:25 단 12:3	복음 전파에 헌신하기
토요일	내 안의 마리아 찾기	고후 4:7-11	삶의 자리에서 헌신 찾기
주일	사명자의 삶으로 나아가기	롬 12:1 요 21:15-17	오늘 다시 헌신의 결단

마리아 신앙 진단 & 적용 루틴

아래 도표를 통해 나의 마리아 신앙을 점검하고, 삶의 적용 방향을 스스로 계획해 보세요. 현재 나의 상태를 체크하고, 구체적인 실천 항목을 적으며 한 주간의 '영적 루틴'(Spiritual Routine)을 세워볼 수 있습니다.

항목	나는 지금 … (✔ 표시)	앞으로 이렇게 실천하겠습니다
예배하는 마리아 몸과 마음을 드려 순종하며 예배하고 있는가?	☐ 항상 그렇다 ☐ 가끔 그렇다 ☐ 거의 그렇지 않다	예 매일 아침 말씀 묵상 후 감사 기도 드리기
사랑하는 마리아 주님을 향한 첫사랑과 감격을 잊지 않고 있는가?	☐ 불타오른다 ☐ 조금 식었다 ☐ 무뎌져 있다	예 주님께 감사 편지 써보기 / 찬양으로 마음 회복하기
말씀에 앉은 마리아 하루에 말씀 앞에 머무는 시간이 충분한가?	☐ 충분하다 ☐ 부족하다 ☐ 거의 없다	예 하루 10분 말씀 읽고 1문장 묵상 노트 쓰기
기도하는 마리아 교회와 이웃을 위한 중보 기도를 하고 있는가?	☐ 정기적으로 한다 ☐ 가끔 한다 ☐ 거의 안한다	예 기도수첩에 이름 적고 매일 1명 위해 기도하기
전도하는 마리아 복음을 전하고 영혼을 품고 있는가?	☐ 지속적으로 품고 있음 ☐ 때때로 생각남 ☐ 잊고 지냄	예 이번 주 전도 대상 1명 정하고 연락해보기

"마리아의 신앙은 한순간의 감정이 아니라, 매일의 루틴 속에서 자랍니다.
오늘의 한 걸음이 내일의 헌신으로 이어지길 기도합니다."

부록 4 마리아 신앙 적용 결단 카드

1. 헌신의 영역

오늘 내가 주님께 드리고 싶은 헌신의 영역은 무엇입니까?

- ☐ 예배 　　몸과 삶을 드리겠습니다.
- ☐ 말씀 　　주님의 발 앞에 앉겠습니다.
- ☐ 사랑 　　눈물로 형제를 섬기겠습니다.
- ☐ 기도와 전도 　교회와 영혼을 위해 무릎 꿇겠습니다.

구체적으로

2. 실천 행동

오늘 내가 반드시 실천할 한 가지 행동은 무엇입니까?

- ☐ 말씀 10분 묵상 　　　　☐ 감사 기도 3가지
- ☐ 작은 섬김 실천 　　　　☐ 전도 대상 위해 기도

구체적으로 :

3. 기도 제목

오늘 주님께 드리는 기도 제목은 무엇입니까?

4. 암송 구절

오늘 마음에 새기고 실천할 말씀은 무엇입니까?

5. 결단 서명

"주님, 오늘의 작은 결단과 순종이 하나님의 큰 역사를 이루는 씨앗이 되게 하옵소서."

결단자 : _____　　　　날짜 : _____

1. 예수님의 어머니 마리아 기도문

"주님, 예수님의 어머니 마리아처럼 저의 인생을 '아멘'으로 드리게 하소서. 이해되지 않아도 순종하게 하시고, 제 삶 전체가 주님께 드려진 산 제사가 되게 하옵소서. 언제나 감사와 찬송으로 주님을 높이게 하소서."

2. 막달라 마리아 기도문

"주님, 막달라 마리아처럼 주님을 향한 눈물과 사랑을 잃지 않게 하소서. 고통과 상처 속에서도 주님만을 끝까지 붙들게 하시고, 부활의 증인으로 담대히 살아가게 하옵소서."

3. 베다니 마리아 기도문

"주님, 베다니 마리아처럼 분주함보다 주님의 발 앞에 앉는 것을 가장 좋은 편으로 선택하게 하소서. 말씀 앞에 늘 갈급하게 하시고, 그 말씀대로 순종하며 살아가는 참된 제자가 되게 하옵소서."

4. 마가의 어머니 마리아 기도문

"주님, 마가의 어머니 마리아처럼 제 집과 일상을 주님께 드리게 하소서. 조용히 기도로 교회를 품는 자가 되게 하시고, 제 가정이 복음과 기도의 전진기지가 되게 하옵소서."

5. 현대의 마리아 기도문

"주님, 시대의 어둠 속에서도 마리아들의 신앙처럼 예배와 말씀, 사랑과 기도의 자리를 지키게 하소서. 세상 속에서도 복음을 전하며, 이름 없이 헌신하는 하나님의 사람으로 살게 하옵소서."

부록 6 마리아 기도 노트

1. 예수님의 어머니 마리아 기도 노트

주제 순종과 찬송의 예배자

묵상 구절 "주의 여종이오니 말씀대로 내게 이루어지이다" (눅 1:38)

기도 제목 주님, 이해되지 않아도 '아멘'으로 순종하게 하소서.

적용 질문 - 하나님께 내 삶을 온전히 맡기지 못하고 있는 영역은 무엇인가요?

- 요즘 내 입술에 감사와 찬송이 메말랐던 이유는 무엇인가요?

2. 막달라 마리아 기도 노트

주제 눈물의 사랑과 부활의 증인

묵상 구절 "마리아야 하시거늘 마리아가 돌이켜 히브리 말로 랍오니 하니"
(요 20:16)

기도 제목 주님, 눈물 속에서도 주님을 사랑하게 하소서.

적용 질문 - 나는 주님이 내 이름을 부르시는 음성을 듣고 있나요?

- 예수님께 받은 은혜를 지금 누군가에게 전하고 있나요?

3. 베다니 마리아 기도 노트

주제   말씀 앞에 앉은 조용한 헌신자

묵상 구절   "이 좋은 편을 택하였으니 빼앗기지 아니하리라" (눅 10:42)

기도 제목   주님, 분주함보다 주님의 음성에 집중하게 하소서.

적용 질문   - 최근 내가 선택한 '좋은 편'은 무엇이었나요?
         - 내 안에 하나님의 말씀에 대한 갈급함은 얼마나 있나요?

4. 마가의 어머니 마리아 기도 노트

주제   조용한 공간 헌신과 중보 기도의 사람

묵상 구절   "여러 사람이 그 집에 모여 기도하더라" (행 12:12)

기도 제목   주님, 내 집과 일상이 교회를 위한 기도의 장소 되게 하소서.

적용 질문   - 나는 기도 모임과 교회 공동체를 위해 무엇을 드리고 있나요?
         - 내 삶 속에 '마가의 다락방' 같은 거룩한 공간은 있나요?

오늘 묵상한 마리아는? ●

- ☐ 예수님 어머니 마리아
- ☐ 막달라 마리아
- ☐ 베다니 마리아
- ☐ 마가의 어머니 마리아

오늘 가장 마음에 남은 말씀 ●

오늘 나의 기도 제목 ●

오늘의 결단과 적용 ●

성경리더십연구원
KMTS 77권 교재

KMTS(Kingdom Ministry Training System: 하나님 나라 사명자 훈련 시스템)는 말씀과 성령으로, 하나님 나라의 사명자를 세우는 사역자 훈련 로드맵이자 교육 백본입니다.

KMTS 훈련 여정 개요 (THEOLOGICAL FLOW OF THE KMTS CORE SYSTEM)

KMTS는 말씀에서 시작하여 선교로 완성되는, 11단계의 성경적 사역자 훈련 여정을 따릅니다. 이 여정은 단순한 교재의 순서가 아니라, 성도 한 사람의 영적 성숙과 사명 완성을 향한 훈련 로드맵입니다.

1 말씀 (Word Foundation)
성경 다이어트 시리즈
말씀의 기초를 세우고, 하나님의 창조 질서와 계시의 원리를 배우는 단계

2 복음 (Gospel Center)
예수님 신비 시리즈
예수 그리스도의 인격과 사역을 중심으로 복음의 본질을 깊이 체험하는 단계

3 사명 (Calling & Mission)
사명자의 길 시리즈
부르심의 의미와 사명자의 삶을 배우며, 제자의 길을 결단하는 단계

4 성령 (Spirit Empowerment)
성령 리바이벌 시리즈
성령의 능력과 인도하심을 체험하고, 영적 은사를 활성화하는 단계

5 영적전쟁 (Spiritual Warfare)
하나님의 군대 시리즈
사단과 세상 속의 영적 전쟁에서 승리하는 전략과 무장을 배우는 단계

6 예배 (Worship & Presence)
하늘 경배 시리즈
하늘 보좌의 예배와 하나님의 임재를 경험하며, 참된 경배자의 삶을 세우는 단계

7 기도 (Prayer & Intercession)
기도 영성 시리즈
주기도문과 중보기도를 중심으로, 개인과 공동체의 기도 루틴을 확립하는 단계

8 성품 (Character & Holiness)
하나님의 형상 성숙 시리즈
성령의 열매와 인격 성숙을 통해, 성화의 여정을 훈련하는 단계

9 치유 (Healing & Restoration)
치유·회복 시리즈
내적·가정·공동체의 치유를 경험하고, 관계 회복과 용서의 능력을 배우는 단계

10 부흥 (Grace & Renewal)
은혜·부흥 시리즈
회개와 헌신을 통한 개인과 교회의 영적 부흥을 촉진하는 단계

11 선교 (Mission to the Nations)
하나님의 심장 선교 시리즈
복음의 열방 확장을 향해 나아가며, 하나님 나라의 비전을 실천하는 단계

■ KMTS CORE 77 로드맵

	시리즈	핵심 주제	핵심 교재 (7권)
1	성경 다이어트 (여행)	말씀 기초	① 성경 다이어트 여행 학교 / ② 굿모닝 창조와 희망 학교 / ③ 굿모닝 믿음 학교(새가족) / ④ 룻기 헤세드 학교 / ⑤ 요나서 선교 비전 학교 / ⑥ 하박국 믿음 학교 / ⑦ 말씀의 성육신화 학교
2	예수님 신비	복음의 중심	① 예수님 성탄과 이름 신비 학교 / ② 예수님 사역 신비 학교 / ③ 예수님 십자가 신비 학교 / ④ 예수님 가상칠언 신비 학교 / ⑤ 예수님 보혈 신비 학교 / ⑥ 예수님 부활 신비 학교 / ⑦ 예수님 재림 신비 학교
3	사명자의 길	부르심과 사명	① 마리아 신앙 학교 / ② 영적 장자권 학교 / ③ 축복의 사명자 학교 / ④ 재정 청지기 학교 / ⑤ 영적 나실인 학교 / ⑥ 제직 사명 학교 / ⑦ 가룟유다 배신 학교
4	성령 리바이벌	능력과 인도	① 성령 침례 학교 / ② 성령 어노인팅 학교 / ③ 4차원 영성 훈련 학교 / ④ 성령 은사 활성화 학교 / ⑤ 성령 나팔소리 학교 / ⑥ 꿈과 환상 계시 학교 / ⑦ 예언 사역 학교
5	하나님의 군대	영적 전쟁	① 천사 사역 학교 / ② 전신갑주 학교 / ③ 사단 승리 학교 / ④ 골리앗 승리 학교 / ⑤ 여리고 점령 학교 / ⑥ 기드온 300 용사 승리 학교 / ⑦ 아마겟돈 승리 학교
6	하늘 경배	예배·임재	① 시은좌 경배 학교 / ② 성막 신비 학교 / ③ 다윗의 장막 학교 / ④ 제사와 절기 신비 학교 / ⑤ 예배와 경배 실전 학교 / ⑥ 하늘 보좌 경배 학교 / ⑦ 천상 예배자 학교
7	기도 영성	기도·중보	① 주기도문 기도 학교 / ② 예수님 기도 학교 / ③ 다니엘 기도 학교 / ④ 한나 기도 학교 / ⑤ 안수 기도 학교 / ⑥ 성경적 중보기도 학교 / ⑦ 삼겹줄 기도 학교
8	하나님의 형상 성숙	성품·거룩	① 참된 경건 학교 / ② 사랑의 길 여행 학교(고전 13장) / ③ 크리스천 대화법 학교 / ④ 섬김 리더십 학교 / ⑤ 소그룹 리더 학교 / ⑥ 성령 열매 학교 / ⑦ 마지막이 더 영광스러운 제자 학교
9	치유·회복	개인·가정· 공동체	① 내적 치유 학교 / ② 용서와 화해 학교 / ③ 예수님의 몸 치유 학교 / ④ 권위·가문 상처 치유학교 / ⑤ 다음세대 축복 학교 / ⑥ 저주와 축복 회복 학교 / ⑦ 가정 축복 학교
10	은혜·부흥	회개·갱신	① 성소 회개 학교 / ② 은혜 헌신 학교 / ③ 365 감사 기적 학교 / ④ 사랑과 갈등 해결 부흥 학교 / ⑤ 크리스천 안식 학교 / ⑥ 부흥 불씨와 열매 학교 / ⑦ 축복 나눔 학교
11	하나님의 심장 선교	하나님 나라 확장	① 킹덤 비전 선교 학교 / ② 구약 선교 학교 / ③ 신약 선교 학교 / ④ 전도와 제자화 학교 / ⑤ 디지털 문화 선교 학교 / ⑥ 일터 선교 학교 / ⑦ 세계 선교와 동역 학교

■ KMTS 교재의 특징

❶ 성경적 기초부터 사명 완수까지 아우르는 완성형 사명자 훈련

성경 기초 → 예수님 중심 → 사명 → 성령 → 영적 전쟁 → 예배 → 기도 → 성품 성
숙 → 치유·회복 → 부흥 → 선교. 목회 및 선교 현장에서 15년 ~ 1세대 사명자 훈
련 커리큘럼으로 바로 적용 가능합니다.

❷ 머리·가슴·손발을 함께 세우는 균형 잡힌 성장 구조

성경적 지식 + 영적 체험 + 실제 삶의 적용이 조화를 이룹니다.

❸ 실습·적용 중심의 훈련 커리큘럼

단순한 성경공부가 아니라, 매 강의마다 생활 속 '실천 과제'가 포함됩니다. 주
일 설교, 소그룹 모임, 제직 훈련과 자연스럽게 연결됩니다.

❹ 모든 세대와 사역 현장에서 활용 가능한 유연성

청년부, 장년부, 여성 사역, 직분자 훈련, 단기 특강, 장기 제자훈련 등 규모와 연
령, 상황에 맞게 쉽게 적용 가능합니다.

❺ 교회 절기·행사와 맞물린 전략적 활용

특별 기도회 뿐 아니라 교회력과 교육 사역이 유기적으로 연결되어, 절기마다
새로운 은혜를 경험합니다.

❻ 장기적 훈련 로드맵이 자동 제공

교회가 성장해도, 사역자가 바뀌어도 훈련 체계가 지속 유지됩니다. 교회 사역
자 교육의 백본(Backbone) 역할을 합니다.

❼ 목회자와 교회의 브랜드 가치 상승

훈련 중심·영성 중심 교회라는 명성이 세워집니다. 목회자의 사역도 체계적인
사역자 교육 시스템 위에서 더 힘있게 전개됩니다.

KMTS는 교회의 모든 성도를 말씀과 성령과 사명 위에 세워, 한 세대를 책임지
는 하나님 나라 사역자를 길러내는 리더십 통합 훈련 플랫폼입니다. 교재는 순차
적으로 발행되고 있습니다 (교재 문의: 010-6740-4739).

■ KMTS 교재

『축복의 사명자 학교』

핵심 강의

- 축복의 근원이신 하나님 – 변치 않는 복의 원천을 발견하다
- 축복의 권세와 사명 – 복을 맡은 자로서의 부르심
- 축복의 대상과 믿음의 자세 – 복을 흘려보내는 마음의 태도
- 축복과 사랑의 터치 – 관계를 회복시키는 손길의 힘
- 예언적 자기 축복 – 말씀을 나에게 선포하는 훈련
- 예언적 타인 축복 – 하나님의 약속을 이웃에게 흘려보내기
- 축복의 실천과 확산 – 일상과 세상으로 흘려보내기

축복의 권세와 사명, 축복의 실제와 적용에 대한
훈련 교재

『굿모닝 창조와 희망 학교』

핵심 강의

- 태초에 (창 1:1-2) – 창조의 시작과 하나님의 계획
- 빛이 있으라 (창 1:3-5) – 어둠을 밝히는 희망의 선언
- 하늘 · 땅 · 바다 (창 1:6-10) – 질서와 아름다움의 설계
- 씨와 열매 (창 1:11-13) – 공급의 하나님과 씨의 비밀
- 해 · 달 · 별 (창 1:14-19) – 일상의 법칙 속에 흐르는 신실하심
- 바다와 하늘의 생물 (창 1:20-23) – 다양성과 번성의 축복
- 사람을 창조하시니 (창 1:26-28) – 형상 · 권위 · 돌봄의 균형
- 심히 좋았더라 (창 1:31) – 창조의 완성과 굿모닝 소명

창세기 1장의 하나님의 창조 이야기가 전하는
긍정과 희망의 영성 훈련 교재

사명자의 길 시리즈 1 (KMTS CORE 15)

마리아 신앙 학교
Mary Faith School

초판 1쇄 발행 | 2026년 1월 5일

기획·편집 | GLIM 성경리더십연구원 (원장 홍영기)
발행인 | 홍영기
발행처 | 글림출판사 (GLIM PRESS)
판매유통 | 글림리더십출판센터

등록번호 | 제 2025-000085호
주　소 | 경기도 김포시 장기동 1929-3
전　화 | 010-6740-4739
이메일 | glimleadership@gmail.com
홈페이지 | www.glimleadership.org

디자인 | GLIM Design Studio (이영이 실장)

ISBN | 979-11-995698-8-1 (03230)
책 가격은 뒤표지에 있습니다.

글림출판사(GLIM PRESS)는 '빛나다(glim)'의 뜻처럼, 영성과 리더십을 세우고 각 사람의 사명이 세상 속에서 빛나도록 돕는 책과 콘텐츠를 출판합니다

본 교재는 글로벌리더십선교회(Global Leadership Institute Missions)의 KMTS(사명자 훈련 시스템) 시리즈 교재입니다. 구입자는 교회, 신학교, 선교지 등 다양한 사역 현장에서 본 교재를 리더십 훈련과 교육 목적으로 사용할 수 있습니다.

단, 무단 복제 및 전자 파일 배포, 상업적 재판매를 금합니다.